Dieter Bub

Begegnungen mit JOACHIM GAUCK

Der Mensch. Sein Leben. Seine Überzeugungen

mitteldeutscher verlag

Dieter Bub, geb. 1938 Neuwarp/Pommern, aufgewachsen in Halle (Saale); Journalist, Publizist, Filmemacher, Produzent; 1956 Flucht in den Westen. Arbeit beim NDR in Hamburg und Berlin mit Themenschwerpunkt DDR/innerdeutsche Beziehungen, 1979–1983 Korrespondent des „stern" in Ostberlin, Intensive Kontakte zu Oppositionellen und Bürgerrechtlern (Robert Havemann, Rainer Eppelmann, Lutz Rathenow u. a.), 1983 Entzug der Akkreditierung und Ausweisung aus der DDR.
Verschiedene TV-Dokumentationen für den NDR und den MDR zur deutschen Zeitgeschichte, u. a. „Die Geschichte der DDR" (NDR), „Der Rote Ochse in Halle – politische Gefangene vor und nach 1945" (MDR), „Das Frauengefängnis Hoheneck" (MDR).

EIN WORT ZUVOR

Joachim Gauck als der neue Superstar deutscher Politik, populärer als Freiherr zu Guttenberg, hat bereits vor und besonders nach seiner Nominierung für Irritationen gesorgt.
Er lobte Thilo Sarrazins Mut, nannte die Occupy-Bewegung lächerlich und bescheinigte den Banken, die eigentliche Macht im Lande zu sein, ohne auf die Opfer der Spekulanten näher einzugehen. Er predigt Freiheit und fordert dafür Leistung.
Das sind die Schlagworte, die, verkürzt, in der Öffentlichkeit wahrgenommen wurden. Aber nicht nur seine aktuellen Kommentare könnten seinem Ansehen schaden, sondern auch Leerstellen in seiner Biografie.
Engagierte Oppositionelle in der DDR und einstige Wegbegleiter werfen ihm vor, dass er sich bis heute mit fremden Federn geschmückt habe. Sie erklären, Joachim Gauck sei nie der Bürgerrechtler gewesen, für den er sich ausgibt und als den er sich seit Jahren feiern und auszeichnen lässt. Er habe sich die Legende eines aktiven Widerstandskämpfers zugelegt, eine Mischung aus Dichtung und Wahrheit.
Auf der anderen Seite gibt es die große Front seiner Unterstützer, die ihren Kandidaten vehement verteidigen.
Joachim Gauck – der Präsident der Herzen, der Volkspräsident, der Erlöser von allem Übel, der engagierte Ratgeber, der unabhängige Meinungsmacher, der DDR-Oppositionelle, Bürgerrechtler und Regimegegner!
Noch nie zuvor in der deutschen Nachkriegsgeschichte ist ein Politiker mit solchen Vorschusslorbeeren bedacht wor-

den. Noch nie zuvor sind mit dem Namen eines Staatsmannes so große Hoffnungen und Erwartungen verknüpft gewesen. Und noch nie zuvor hat einer so beredt und geschickt in Wort und Schrift für sich selbst geworben.

Diese Aufzeichnungen sind Erinnerungen an Begegnungen mit einem zukünftigen deutschen Staatsoberhaupt, dem es gelingen soll, die Beschädigungen des Amtes durch seinen Vorgänger zu überwinden und dem Schloss Bellevue neues Ansehen zu verleihen.

Diese Schrift will versuchen, der in Teilen diffusen Autobiografie Gaucks („Winter im Sommer – Frühling im Herbst. Erinnerungen“) stärkere Schattierungen zu geben und die Motive für sein Handeln zu erklären. Wichtige Grundlagen sind dabei Interviews, die im Laufe der vergangenen 20 Jahre entstanden sind. In diesen Gesprächen hat er sich klar, spontan und zuweilen auch weniger bedacht als in seiner Biografie geäußert.

Wir sind uns in Berlin häufiger begegnet. Es waren Termine für Fernsehdokumentationen. 1990 mit seinem Vater, der unschuldig verschleppt den Terror Stalins in einem sibirischen Lager überlebt hatte. 2007 aus Anlass einer Dokumentation mit Unterstützung der Stiftung zur Aufarbeitung der SED-Diktatur, in der ehemalige DDR-Oppositionelle und Politiker aus Ost und West über den Weg zur friedlichen Revolution befragt wurden. 2009 schließlich für einen Bericht im NDR-Fernsehen.

Besonders wichtig für den Lebensweg des heute Zweiundsiebzigjährigen war das Schicksal des Vaters, der in diesem Buch noch einmal ausführlich zu Wort kommt.

Die Interviews mit Joachim Gauck und seinem Vater werden ergänzt durch Aussagen aus seiner Familie, von Wegbegleitern, Beobachtern, Zeitgenossen und Kritikern.

Diese Informationen sollen helfen, nicht nur die Faszination dieses Mannes zu verstehen, sondern auch falsche Legendenbildungen zumindest einzuschränken. Es sind Korrekturen, mit denen Ungesagtes erhellt werden kann. Joachim Gauck ist kein Superman und wird sicher kein Superpräsident werden. Er hat, wie er selbst sagt, Fehler. Sie zuzugeben, sich zu ihnen zu bekennen, ist nicht einfach.
Es geht daher in diesem Bericht nicht um die Demontage eines Mannes, dessen Verdienste unbestritten sind. Es geht um den Versuch, einen Teil deutscher Geschichte am Beispiel einer politisch herausragenden Person darzustellen, mit allen Brechungen, Verwerfungen und auch Irritationen.

Dieter Bub
März 2012

WINTERLICHES TREFFEN

Ein Wintertag 2009. Ich bin mit Joachim Gauck zu Aufnahmen für die Reihe „Zeitreisen" des NDR verabredet. In dieser Serie kommen Zeitzeugen zu Wort, deren Schicksal von historischen Ereignissen geprägt worden ist. Es sind Flüchtlinge, ehemalige LPG-Vorsitzende, Stasi-Opfer oder Insassen aus dem NVA-Gefängnis in Schwedt.

2009, das ist ein Jahr der Erinnerungen und der Bilanzen. Vor zwanzig Jahren haben Hunderttausende in der DDR nicht nur bei den Montagsdemonstrationen in Leipzig, sondern überall im SED-Staat die Diktatur in die Knie gezwungen, die Mauer und die Grenzanlagen überwunden.

Joachim Gauck war einer der Wortführer des Widerstands im Norden, auch wenn er erst spät auf der politischen Bühne erschienen war. Dennoch war er in Rostock seit langem einer, der den Besuchern in seiner Gemeinde in Rostock-Evershagen und in der Marienkirche mit seinen Predigten Mut und Zuversicht vermittelt hatte, ein Mann des Widerspruchs und auch eines moderaten Widerstands in der Phase der Agonie der DDR, in den Augen der SED-Führung ein später Dissident. Er hatte dafür später eine passende, hübsche Begründung parat: „Wir Mecklenburger sind schon immer ein wenig langsamer gewesen als die Menschen im Süden der Republik, als diese pfiffigen Sachsen."

Mit dieser Formulierung hatte er stets auch sich gemeint, denn lange vor ihm hatten andere sich weit mehr in Gefahr begeben und weit mehr riskiert. Der Berliner Historiker Manfred Wilke sieht Joachim Gauck dabei in Gesellschaft anderer Prominenter aus der DDR. Sie gehörten nicht zur großen Gruppe der sogenannten „Wendehälse" aus den Blockparteien und der SED, die ihre politischen Überzeugungen 1989/90 über Nacht änderten. Die Ausnahme war einer der großen Gewinner, der vom alten wie vom neuen System zu profitieren wusste. Wilke dazu:

> Der Aufsteiger aus dieser Gruppe ist Gregor Gysi, dem es maßgeblich zu verdanken ist, dass das Ende der SED als totalitäre Staatspartei der DDR nicht zum Ende der Partei selbst wurde. Er war der Architekt der Transformation in eine sozialistische Strömungspartei des vereinten Deutschlands.
> Im Gegensatz zu den Kadern stand Gauck dem sozialistischen Staat durchaus kritisch gegenüber, hatte aber die direkte Konfrontation vermieden, um in der DDR ein bürgerliches Leben als evangelischer Pastor zu führen. Er betrat die politische Bühne erst, als die Macht der SED bereits gebrochen war. Er gehört wie Angela Merkel und Wolfgang Thierse zu den spät Berufenen bei der Demokratisierung der DDR. Diese und nicht die Bürgerrechtler schafften nach 1990 den Aufstieg an die Spitze der deutschen Gesellschaft. Merkel wurde Bundeskanzlerin und Gauck (wohl) Bundespräsident. Wählte Merkel die Parteikarriere in der CDU, so verdankt Gauck seinen Aufstieg seinem Amt als Herr der Stasi-Akten und als Moderator der verschiedenen Interessen bei der Aufarbeitung der SED-Diktatur.

Mit Joachim Gauck einen Termin zu vereinbaren war schwierig. Vor kurzem ist seine Biografie „Winter im Sommer – Frühling im Herbst“ erschienen. Das Buch wurde innerhalb weniger Wochen zum Bestseller. Er ist seither ständig auf Lesereise und nur selten zu Hause. Sein Zuhause ist längst nicht mehr Rostock, sondern Berlin. Schon 1990 ist er in das neue politische Zentrum Deutschlands gewechselt. Hier war sein neuer Arbeitsplatz, hier hatte er seine neue Aufgabe gefunden. Hier begann sein zweites Leben mit den großen Veränderungen. Der Volkskammerabgeordnete der Bürgerbewegung aus dem Norden war zum ersten Chef der Stasi-Unterlagen-Behörde berufen worden.

Joachim Gaucks Heimat aber ist die Küste, sind Rostock und der Darß. Deshalb habe ich ihn hierher gebeten. Hier liegen die Wurzeln seiner Biografie. Und hier sind wir uns zum ersten Mal begegnet.

KINDHEIT OHNE VATER

Die Biografie Joachim Gaucks reicht in die Zeit des Zweiten Weltkrieges zurück. Der 1940 Geborene hat daran noch Erinnerungen:

> Ich habe erst empfunden und dann gedacht. Die ersten politischen Empfindungen waren Verunsicherung, ich sitze in einem Keller, weil ich ein kleines Kind bin und es kracht. Es ist noch Krieg, ich bin 40 geboren, und ich habe ganz dunkle Erinnerungen, irgendwann mal bei Oma und Opa am Stadtrand von Rostock im Keller gesessen zu haben, und da ist nichts passiert, der Teil von Rostock ist unbeschädigt geblieben und das war der erste Eindruck und der zweite, die Russen kommen. Ich bin in Wustrow auf dem Fischland. Wir wohnen gegenüber der Seefahrtsschule, wo mein Vater studiert hatte, um Kapitän zu werden, und die Russen kommen da unten einmarschiert. Oma rennt auf den Hof und zerrt meine Hakenkreuzfahne hervor. Sie ist vielleicht nur 30 Zentimeter groß. Heute frage ich, warum ich überhaupt eine eigene kleine Fahne hatte. Ich weiß es nicht. Auf jeden Fall will meine Oma sie von dem Fahnenstock abreißen. Das funktioniert nicht. Sie fackelt nicht lange, sondern bricht die Fahne mit der Halterung über dem Knie auseinander und verbrennt sie. Ich war da empört, dass Oma meine schöne Hakenkreuzfahne kaputt gemacht hatte. Es hätte nicht viel gefehlt und

> meine beiden Panzer wären auch noch verbrannt worden. Mit ihnen hatte ich immer wieder Krieg gespielt. Sie haben es noch eine Weile überlebt, ich weiß nicht, bis wann. Dann kamen die Russen, und Gott sei Dank zog ein Major bei uns in dem Haus ein, in dem meine Mutter damals lebte. Ein Kind war gerade geboren und sie lag noch im Kindbett. So hat sie im Grunde genommen das Elend vieler anderer Frauen nicht erleben müssen. Als ich älter wurde, hörte ich von den ganzen Vergewaltigungen. Wir wohnten inzwischen schon in Rostock, aber im selben Ort war im Grunde genommen die Geburtsstunde meiner Politisierung. Als ich elf Jahre alt war und mein Vater feierte da den Geburtstag seiner Mutter, erscheinen zwei Personen, die ihn abholten und nicht mehr wiederbrachten, also unter Vorspiegelung falscher Tatsachen hatte man ihn zur Werft gelockt.

Es war der Sommer 1990, als ich Joachim Gauck sen. begegnete. Die Zeit eines Aufbruchs, in der das große Schweigen zu Ende war. Frauen und Männer, die in der DDR unter dem Unrecht stalinistischer Verfolgung und den Repressalien der SED zu leiden gehabt hatten, konnten endlich davon berichten, was ihnen zugefügt worden war. Unter ihnen noch alte Männer, die selbst ins ehemalige Konzentrationslager von Buchenwald eingeliefert worden waren. Die neue Diktatur hatte neuen Terror gebracht, auch nach dem Ende des Stalinismus, bis 1989.
Wir trafen uns für NDR-Dokumentationen mit ehemaligen Gefangenen und Überlebenden aus den Gefängnissen in Waldheim, dem „Gelben Elend“ in Bautzen, dem „Roten

Ochsen“ in Halle und dem Frauengefängnis Hoheneck. Sie erzählten ihre Leidensgeschichten.
Ich beschäftigte mich mit Oppositionsgruppen wie den Männern vom Eisenberger Kreis und den Studenten der Gruppe Esch in Rostock, von der mir Karl-Heinz Krumm, den Chefreporter der „Frankfurter Rundschau“, erzählt hatte. Er war als Mitglied der Widerstandsgruppe an der Uni in Rostock nicht hingerichtet, sondern in den Gulag nach Sibirien verschleppt worden.
Der russische Geheimdienst NKWD hatte in jener Zeit Zehntausende meist auf Grund von Verdächtigungen, Vermutungen oder Denunziationen in die Lager im Osten der Sowjetunion deponiert. Zu ihnen gehörte auch Joachim Gaucks Vater.
Als ich ihn in Rostock traf, war er ein rüstiger Mann, von wohl schon über achtzig Jahren, der sein Schicksal mit der Weisheit des Alters betrachtete. Es war Sommer. Gauck sen. arbeitete im Garten, jätete und harkte Gemüsebeete. Er schien mit sich und seinem Leben zufrieden. In den Jahrzehnten zwischen 1955 und 1989 hatte er seine Geschichte für sich behalten.
Wir saßen auf der Terrasse. Er erzählte lebhaft über seine Verhaftung und die ungewisse Zukunft, von der er nicht wusste, ob sie nach Bautzen, Sibirien oder in den Tod führen würde.

> Rein juristisch gesehen gab es keine Gründe für meine Verhaftung. Um das mal kurz zu beschreiben. Ich wurde am 17. Juni 1951 von zwei Handlangern der Stasi in Wustrow auf dem Geburtstag meiner Mutter verhaftet. Dem vorausgegangen war ein Mann, der mir einen Brief brachte und zwei Jahre lang mein

Chef war. Der war inzwischen ausgewandert in den Westen und lud mich in dem harmlosen Brief nach Westberlin und legte 50 Mark Reisegeld für hin und zurück ein. Dieser Brief wurde mir von einem Mann namens Larsen überbracht, den ich dann nicht mehr gesehen habe. Mein ehemaliger Chef mochte mich anscheinend, ich ihn aber nicht so sehr, so dass ich dieser Einladung nicht gefolgt bin, aber versucht habe, die 50 Mark wieder loszuwerden am Theater, er war Regisseur oder Intendant, ich weiß nicht, was. Traf ihn da nicht an, und die 50 Mark hatten ohnehin keinen Wert mehr, es passierte also nichts.
Dann kam der 17. Juni. Ich war damals Schiffsarbeitsschutzinspektor auf der Werft. Ich wurde zunächst unter dem Vorwand abgeholt, auf der Neptun-Werft habe sich ein Unfall ereignet, der nun meine Anwesenheit erforderlich mache. Je näher wir Rostock kamen, desto schweigsamer wurden die Herren, und ich dachte, da stimmt etwas nicht. Wir fuhren dann kurz bei dem Stasigebäude vor, dann wurde ich sofort abgeliefert in der Region Brinkmannstraße durch einen Schlagbaum zu einem Russen in eine ehemaligen Villa, der mich nach den Namen meines ehemaligen Chefs befragt, Herrn Löbau, und nach dem, der mir den Brief brachte, Larsen. Dann wurde ich in den Keller entlassen, wo ich dann den restlichen Tag verbracht habe und auch die Nacht und den nächsten Tag, und da eigentlich mal so richtig kennengelernt habe, was Angst ist. Am nächsten Tag bin ich mit der grünen Minna durch die Nacht gefahren. Als wir losfuhren, war es noch hell, und es marschierte, das konnte ich durch einen

Schlitz in der Minna sehen, die FDJ mit klingendem Spiel und linientreuen Gesängen an mir vorbei, das konnte ich sehen. Da dachte ich, sollte ich hier jemals wieder herauskommen, da marschieren deine Kinder nicht mit. Ich wurde dann in ein Gefängnis gebracht und empfangen von einem Russen, und es stellte sich heraus, dass es ein Russengefängnis in Schwerin war. Dort bin ich gewesen, ohne zu wissen, was mir zur Last gelegt wurde. Es stellte sich dann heraus, dass die Ursache dafür dieser Brief mit den 50 Mark gewesen war, der Inhalt war vollkommen unverbindlich und harmlos. Aber dieser Löbau war inzwischen französischer Agent geworden. Ich hatte einen Brief von einem französischen Agenten und 50 Mark. Das reichte für 25 Jahre Arbeitslager. Ich war zufrieden, aber die anderen nicht. Ich kriegte noch mal 25 Jahre, weil man bei einer Haussuchung bei mir, die durch Russen stattfand, in meinem Schreibtisch Mitteilungsblätter von der Hamburger Nautikergilde vorfand, die auch nichts Politisches enthielten, sondern nur über die Schicksale deutscher Handelsschiffe im Krieg berichteten. Die fand man bei der Haussuchung, und das war der Anlass für weitere 25 Jahre wegen antisowjetischer Hetze. Zu diesen beiden 25 Jahren wurde ich durch ein Militärtribunal verurteilt, was da in Schwerin stattfand in einem Raum, an dessen Wand über der Eingangstür der alte Spruch stand „Recht muss doch Recht bleiben". Wenn ich richtig unterrichtet bin, stammt das aus der Bibel. Dann ging es also am 30. Januar 1952 wieder in einer grünen Minna nach Ostberlin. Nach Aussagen, die ich später hörte, war das ein ehemaliges Frauengefängnis, später dann ein Russengefängnis. Nach einiger Zeit ging es auch wieder nachts in einer grünen Minna zum sogenannten Blauen Express in einen als Postwagen getarnten Gefangenenwagen zur Verladung in einen Güterwaggon. Ich reiste viele Tage und Nächte, wochenlang, mit vielen anderen Deutschen zusammen in die befreundete Sowjetunion.

Joachim Gauck sen. waren alle Stationen seiner Reise ins Ungewisse noch lebhaft in Erinnerung:

Ich war vom 28. Juni bis 30. Januar 52 in dem Gefängnis in Schwerin. Wann ich nach Berlin gekommen bin, weiß ich nicht mehr genau, das war auch nur eine kurze Zeit, und auch den Abreisetermin aus Berlin nach Sibirien weiß ich nicht mehr. Es ist im Winter gewesen natürlich noch, wir kamen bei Schnee in Sibirien an, und zwar ging das über das Durchgangsgefängnis Brest, Orel, Swertlowsk, Novosibirsk, 100 Kilometer westlich vom Baikalsee. Und dort in Sibirien bin ich gewesen von 52 also bis zum 4. Oktober 1955. Da ging es dann unvermittelt auf die Heimreise und am 20. Oktober war ich dann wieder in Rostock.
Frage: Waren denn viele Deutsche dort in den Arbeitslagern, wie viele haben dort gelebt, gelitten und sind gestorben?
Ich bin in sieben Lagern gewesen. Anfangs mit den meisten, die Russen waren, zusammen, und es waren im jeden Lager 20 bis 30 Deutsche. Ansonsten sämtliche Nationalitäten. Ein Eskimo in einem La-

ger, der in der Beringstraße gefischt hatte, wahrscheinlich russisches Hoheitsgebiet passiert hatte und dafür ebenfalls seine 25 Jahre bekommen hatte. Das letzte Lager war dann schon ein Ausländerlager, und es waren wie gesagt in jedem Lager 20 bis 30 Deutsche, sonst aus vielen Ländern. Auffällig viele Litauer, Letten und Esten. Viele Russen, auch Russen die ohne Verhandlung reingekommen waren, zum Beispiel solche, die deutsche Kriegsgefangenschaften überstanden hatten und nach der Logik der sowjetischen Machthaber Kollaborateure gewesen waren. Man soll nicht glauben, dass die nicht so lange saßen, ich bin beispielsweise mit einem Mann zusammengetroffen, der 23 Jahre im Lager verbracht hatte. Kriminelle hatten es besser als wir. Ein Totschlag wurde beispielsweise nur mit acht Jahren bestraft. Das war nichts Besonderes.
Es gab Tote – aber nur selten als Folge von unmenschlicher Behandlung. Gelegentlich wurde ein Häftling erschossen, der zu fliehen versucht hatte. Die meisten Todesfälle waren die Folge von Schinderei, der furchtbar schweren Arbeit, Hunger und Entkräftung. Ich kann nicht sagen, dass es mit den deutschen Konzentrationslagern vergleichbar gewesen wäre.
Wir haben in Sibirien auch Deutsche getroffen, die vorher bei der Stasi gewesen waren. Sie sagten zu uns: „Ihr könnt froh darüber sein, dass ihr gleich zu den Russen gekommen seid." Das war für uns als Deutsche besonders bitter.
Unsere Arbeit bestand darin – es war in der Taiga, ein lockeres Waldgebiet –, Bäume zu fällen, Bäume

zu verarbeiten, Balken zu schneiden, Schwellen zu schneiden, die furchtbar schwer waren, zumal wenn es Lärchenholz war, alles, was mit Holzverarbeitung und Verladung zu tun hatte, im Sommer wie im Winter. Das Klima eigentlich schön, im Sommer allerdings sehr heiß, 30 Grad, und im Winter auch bis 30 Grad minus, aber das war erträglich, weil kein Wind war. Allerdings, ein oder zwei Tage habe ich erlebt mit 52 Grad minus. Da durften wir sogar nicht zur Arbeit. Ich war nach einem Jahr so weit abgemagert und hatte viel Wasser in den Beinen und Hungerödeme, dass ich invalide wurde, invalidisiert wurde, das heißt, ich kriegte leichtere Arbeit. Diese Arbeit bestand darin, dass ich die Latrinen ausräumen musste. Das war nicht so schlimm, weil es Winter war und das Rohmaterial war gefroren. Und des Kuriosums halber möchte ich erzählen, dass ich den Tod von Stalin unten in einer russischen Latrine zu wissen kriegte. Ich arbeitete dort, mit der Beseitigung des Kots beschäftigt, mit einem Ukrainer zusammen, als die Sirenen am in der Nähe befindlichen Holzwerk zu heulen anfingen und nicht wieder aufhörten. Und daraufhin sagte der Ukrainer: „Ob der gestorben ist?“ Und der war gestorben. Und da habe ich den Tod Stalins sehr stilvoll erfahren.

JUGEND IN DER DIKTATUR

Das Verschwinden des Vaters und die jahrelange Ungewissheit haben den Sohn traumatisiert. Er musste in der eigenen Familie erfahren, wie gefahrvoll das Dasein in der kommunistischen Diktatur war, dass aktiver Widerstand Inhaftierung und Tod bedeuten konnte. Mit dem Verschwinden des Vaters begann eine schreckliche Zeit der Ungewissheit. Joachim Gauck im Rückblick:

> Das können sich Menschen heutzutage gar nicht vorstellen, und das waren auch nicht wenige Familien, die so ein Schicksal erlebt hatten, die fanden sich dann auch irgendwie. Kein Wilhelm Pieck, kein Grotewohl oder auch keine russische Instanz gaben uns Auskunft. Dann kam eines Tages eine Briefkarte aus Moskau, so, wie sie die Kriegsgefangenen schrieben, da war eine Antwortkarte angehängt und daraus konnte man später anhand der Nummer erkennen, wo diese vermissten Angehörigen waren. Nun wussten wir also nach knapp drei Jahren: Er lebt. Wir kannten seinen Aufenthaltsort: Sibirien. Er hätte ja zum Beispiel auch in Bautzen sitzen können.
>
> Dann gehst du ja die ganze Zeit zur Schule, du lernst da die Lieder vom Sozialismus und „Bau auf, bau auf. Freie Deutsche Jugend, bau auf“ und lernst, dass bei uns die glücklichen Menschen den Sozialismus errichten und im Westen sitzen die Bösen, also die Faschisten, und bei uns die Guten,

die Sieger der Geschichte. Du hörst das alles, du lernst ihre Lieder und du weißt, sie lügen. Da kann es passieren, dass man schon als Kind ohne einen politischen Verstand anfängt, politisch zu denken aus einer Leidensgeschichte heraus. Einfach war die Zeit nicht. Ich war das älteste von vier Kindern, und wir waren bettelarm. Die Familie, Freunde im Westen und auch unbekannte Menschen haben uns Pakete geschickt, um uns einfach aus der wirtschaftlichen Not zu helfen, und das Schöne ist, man lernt auch in solchen Situationen, dass es Menschen gibt, auf die man sich verlassen kann, die hilfreich sind. Eigentlich eine sehr gemischte Erfahrung, wissen Sie?

Frage: Sie waren sich zu jener Zeit bereits der Diktatur bewusst?

Also, das war es zunächst nicht, es war eine elementare Auflehnung gegen Unrecht, ein ganz früher, tief innen gegründeter Protest gegen Unrecht und Ungerechtigkeit. So gehört die Beziehung zu Freiheit und Gerechtigkeit sehr früh zu meinem Leben. Es gab damals eine andauernde Propaganda, die sich heute keiner mehr vorstellen kann. Es war eine Maschinerie stalinistischer Indoktrination wie in allen totalitären Systemen. Unsere Häuser waren mit Transparenten, riesigen Spruchbändern behängt. Fahnen überall. Aufmärsche in den Schulen und diese wahrlich mittelalterlichen Demutsorgien gegenüber Stalin und der kommunistischen Führung. Das erleben und ertragen zu müssen war schwer. Gleichzeit wussten wir, alles ist Lüge und wir leben in einem Unrechtsstaat.

Diese Erlebnisse sind für den Sohn Joachim Gauck ein Albtraum – und sie bestimmen sein Leben bis heute. Die sowjetisch besetzte Zone und die DDR sind Vergangenheit, aber sie sind noch immer in den Köpfen aller, die unter dieser Diktatur zu leiden hatten.

Ja also in Deutschland, und das haben wir oft vergessen – jetzt anlässlich des Jubiläums des 17. Junis vor 55 Jahren wurde noch mal dran erinnert –, eigentlich waren wir in Ostdeutschland die Ersten im Ostblock, die richtig Rabatz gemacht haben. In über 800 Orten der DDR hat es Demonstrationen und Widerstandshandlungen gegeben. Das war wirklich großartig, eine Revolution. Der Aufstand der Massen gegen die Herrschenden. Es war die Zeit, in der es noch einen Ausweg gab. Das heißt: Damals konntest du immer noch in den Westen gehen. Und so floss immer ein Teil der protestierenden, anders gesinnten Bevölkerung in den Westen ab. Wenn es halt zu viel wurde, manchmal unmittelbar bevor man abgeholt werden sollte, weg in den Westen. Zuerst noch über die grüne Grenze, dann über Berlin und so ist im Grunde die Geschichte der DDR-Bevölkerung eine Geschichte schwerer Niederlagen und Traumata. Der 17. Juni ist das erste schwere gesellschaftliche Trauma. Dieses Aufbegehren. Wir hatte alle das Gefühl, dass etwas Ungewöhnliches, etwas Großes, etwas Neues beginnt. Ich war dreizehn und durfte noch nicht richtig mitmachen, aber in mir war eine unbestimmte Sehnsucht. Mein Vater war immer noch in Sibirien.
Dann kam 1956. Die Ereignisse in Ungarn. Wieder Hoffnung. Das Land hatte sich schon befreit. Die

Panzer der Sowjets kommen. Wieder eine Niederlage, die brutale Niederschlagung. Alles wird wieder zurückgeführt. Gleichzeitig die Ereignisse in Polen. Dann der Bau der Berliner Mauer. Das ist für mich so etwas wie ein neues Gründungsdatum der DDR. Jetzt konnte die Regierung mit uns machen, was sie wollte. Ich erinnere mich, dass wir früher ein paarmal Klassenkameraden zum Bahnhof gebracht haben. Sie haben uns verlassen. Sie sind einfach in den Zug gestiegen, nach Ostberlin gefahren, dann mit der S-Bahn in den Westen. Fort waren sie. Es hatte ihnen gereicht. Und jetzt war Schluss. Und dieses Gefühl, ausgeliefert zu sein, hat die Lebensqualität der DDR-Bevölkerung nachhaltig verändert. Jetzt kommen diese alten Traditionen des deutschen Gehorsams wirklich ganz deutlich zum Tragen. Zwar gibt es immer noch Widerständige, aber die innere Immigration äußert sich jetzt durch Missmut und Meckern. Auch durch Unnachsichtigkeit der Regierung. Es gibt keine Aktionen mehr. Auch die Solidarität lässt nach. Es war eine Niederlage zu viel. Man spürt, Prag will Sozialismus, aber mit Demokratie, es geht auch nicht. Die nächste Niederlage. Und so setzte sich im Lebensgefühl der Ostdeutschen fest, wurde die vorherrschende Devise: Am besten geht es doch mit Gehorsam, Gefügigkeit und Anpacken. Und so wird das ganze Land jetzt von einer Haltung geformt, die der deutschen Nation sowieso vertraut ist – Gehorsam. Anders als die Polen glauben die Ostdeutschen eigentlich nicht mehr recht daran, dass sie in der Lage wären, das System stürzen zu können.

Der Sturz des Systems ist lange Geschichte, er liegt zwanzig Jahre zurück, eine schwierige Zeit des Aufbruchs, Neuanfangs, der Verletzungen und der Enttäuschungen.

NORDDEUTSCHE HEIMAT

Wir haben den vergangenen Abend im Wustrow bei Rostocker Pilsner im „Moby Dick" gesessen, der Blick auf die Ostsee. Ein neues Lokal, das mit seiner Ausstattung den Urlaubern maritimes Flair vermitteln soll. Im Winter gibt es nur wenig zu tun – Nebensaison. Es ist nichts los.
Übernachtet wird in Pensionen, Hotels wie dem Vier-Sterne-Haus der Dorint-Hotelkette. Die Zeit der einfachen, preiswerten und begehrten Plätze in den FDGB-Ferienheimen liegt weit zurück. Heute ist willkommen, wer zahlt. Dabei gibt es durchaus preiswerte Unterkünfte auch in Ferienwohnungen. Zum Beispiel am Ende des Weges zur Seenotstation, gleich rechts das erste Haus am Lärchenweg. Früher stand die Pension hier auf einsamer Flur, 1936 gebaut von Antonie Gauck, der geschiedenen Mutter von Joachim Gauck sen., die hier abseits des Ortes Feriengäste beherbergte.
Dieses Haus war und ist bis heute Ort der Erholung und Entspannung für die Gaucks und zuweilen Treffpunkt der ganzen Familie. Es ist Stätte der Kindheit von Joachim Gauck. Hier sind wir verabredet.
Gauck kommt pünktlich zum Termin, am Steuer eines Audi. Er hat sich den ganzen Tag für uns Zeit genommen. Seine Bekleidung ist sportlich salopp, aber winterfest. Ein schwarzer gefütterter Dufflecoat über einem roten Pullover, Cordhosen, festes Schuhwerk, keine Mütze, kein Hut, norddeutsch abgehärtet, als wolle er einen klaren Kopf behalten. Es ist empfindlich kalt.
Wir haben keine Zeit zu einem Vorgespräch bei Tee oder Kaffee. Wir müssen das Licht nutzen. Bei trübem Wetter

bleiben uns in dieser Jahreszeit nur wenige Stunden für die Aufnahmen. Gauck ist sofort präsent, informiert sich, fragt nach der Konzeption. Als Medienprofi erkundigt er sich nach unseren Wünschen und weiß sofort, wo sich gute Bilder machen lassen.
„Dort hinten, ein ganzes Stück unterhalb des Deiches."
Er weiß um die Szenerie, um Kulisse, um Aufnahmepositionen, um die Wirkung von Bildern und von Worten. Er hätte auch Filmemacher werden können.
Er kennt sich hier aus. Es ist der Platz seiner Kindheit. Wir steigen auf den Deich. Kein Sonnentag. Frische Winterluft. Es hat geschneit. Die Ostsee liegt ruhig, platt wie eine Flunder, ohne Wellen. Die Sicht ist nicht gut, es ist dunstig grau. Wir gehen am Strand entlang. Das Team fährt mit dem Wagen ein Stück auf dem verschneiten Feldweg nebenher.
Joachim Gauck erinnert sich, erzählt von seiner Herkunft, seiner Familie, seiner Mutter, deren Eltern bettelarme Landarbeiter waren. In seiner Biografie „Winter im Sommer – Frühling im Herbst" berichtet er ausführlich über seine Herkunft und auch über das Fischland, seine Heimat.
Ich bitte Joachim Gauck für eine Szene um einen Gang am Ufer entlang. Er kommt langsam auf die Kamera zu.
Während wir drehen, scheint er uns zu vergessen. Er bückt sich, greift nach Steinen und wirft sie geschickt über das Wasser. Sie springen zwei-, dreimal, bevor sie untertauchen. Gelingt es nur einmal, wiederholt er das alte Spiel aus seiner Jugendzeit. Ehrgeizig auch in kleinen Dingen. Auf Erfolg bedacht. Die Frage, ob er sich spontan daran erinnert hat oder es bewusst als wirkungsvolles Bild für uns einsetzte, bleibt unbeantwortet.
Joachim Gauck hatte eigentlich Journalist werden wollen. Ein Wunsch, der ihm versagt blieb, war er doch weder Mit-

glied bei den Jungen Pionieren noch bei der FDJ gewesen. So einer taugte nicht für das „Rote Kloster", wie die publizistische Kaderschmiede der DDR, die Sektion Journalistik an der Karl-Marx-Universität Leipzig, im Volksmund genannt wurde. Dort hätte er mit seiner kritischen Haltung zum kommunistischen System wohl kaum ein Semester überstanden.

So war die Theologie eher die zweite Wahl, eine Entscheidung, die sich als außerordentlich bedeutsam erweisen sollte und die letztlich ein ehrliches Äquivalent war.

Das Leben eines guten Pfarrers ist stets auch von Außenwirkung bestimmt. Er ist immer Prediger, Erzähler, Vermittler zwischen Menschen und dem lieben Gott, eine Funktion, die in der evangelischen Kirche mit ihrem Mangel an Pomp besonders schwierig ist.

So ist Joachim Gauck auch „Schauspieler", ein Einpersonen-Darsteller auf der Kanzel und im Leben, der auf der Bühne eine gute Figur gemacht hätte. Solche wie er waren und sind unter den Tausenden von Pastoren mit ihren mitunter belanglosen, langweiligen Predigten die Ausnahme. Er war und ist beredt. Er ist Verkünder und Prediger. Männer und Frauen wie er auf der Kanzel machen die Kirche interessant. Männer wie der Theologe und Politiker Heinrich Albertz, wie Bischof Kurt Scharf und andere, die es dank ihrer Begabung schaffen, ihre Kirche Sonntag für Sonntag voll zu bekommen. Sie sind gerade heraus, provokant, auch pathetisch – und nicht hölzern belehrend, dass es Luther grausen würde.

Was auch immer Gauck erzählt, er findet seine Zuhörer. Er ist als Wortverführer allezeit spannend.

Der Junge Joachim hatte einen der schönsten Spielplätze, die es gab, den Strand der Ostsee.

Für uns bedeutete der Strand die große Freiheit. Wir wussten mit unserem Kinderhorizont nichts von den Grenzen. Hier war das große Abenteuer. Hier träumten wir unsere Geschichten. Hier waren wir glücklich.

Das Kind sieht die alten bedrohlichen Betonbunker hoch oben auf dem Klippen über dem Meer.

Ich erinnere mich so besonders daran, weil hier oben früher im Krieg eine Batterie stand, in der Nazizeit. Als der Krieg zu Ende war und ich ein Junge war von neunzehn Jahren etwa, da buddelten wir hier immer noch in der Erde Kartuschen raus und haben die dann aufgeklopft und das Schwarzpulver raus, zum Entsetzen unserer Eltern, die natürlich weit weg waren, und da haben wir das hier am Strand hingeschüttet und angezündet, ja, und das hat sich mir eingeprägt.

Im Laufe der Jahrzehnte hat sich das Meer die Bunker geholt. Sie sind in die Tiefe gestürzt – monströse, nutzlose Erinnerungen.

Die Ostsee greift hier schon immer nach der Küste, gräbt sich ein und wäre hier auf dem Darß längst erfolgreicher, wenn es die Deiche nicht geben würde. Sie sind ein Zeichen für die Vergänglichkeit.

Nach den Dreharbeiten am Strand fahren wir zur Verwalterin des Ferienhauses, der Mitbesitzer Gauck lässt sich den Schlüssel aushändigen. Dann folgt eine klassische

Szene des filmischen Ortswechsels: der Gang von außen nach innen.

Joachim Gauck kommt den Weg entlang, biegt um die Ecke, geht zum Eingang des Ferienhauses, er öffnet die Haustür. Wir sind drinnen.

Es ist ein Urlaubsdomizil in besonders exponierter Lage mit zwei Wohnungen. Fünfzig Meter bis zum Strand.

Das Haus ist zweckmäßig eingerichtet, von steriler Ferienhausgemütlichkeit, Allerweltsmobiliar, praktisch und gut für die ganze Familie. Es wird im Internet angeboten, ist in der Hauptsaison ausgebucht und selbst in der Nebensaison gefragt. Zeitweise steht es nicht für die Vermietung zur Verfügung. Dann sind Gaucks hier zu Hause – Geschwister, Kinder, Enkel. In diesen Tagen im Januar sind nur wenige Gäste in Wustrow, ein paar Dutzend Spaziergänger am Strand.

Ausgekühlt vom Aufenthalt im Freien bietet Joachim Gauck uns Kaffee an. Unser Gesprächspartner verschwindet in der Küche, setzt Wasser auf, fragt nach Milch und Zucker. Geschirrgeklapper. Er kommt mit einem Tablett, deckt den Tisch. Wir wärmen uns auf.

Und reden. Wir sprechen über unsere DDR-Vergangenheit. Wir sind ein nahezu reines Ost-Team. Zwei von uns kommen von der Küste aus Rostock, und ich bin immerhin hier oben, im pommerschen Neuwarp (heute Nowe Warpno) geboren. Unser Kameramann Chris Völschow war vor der Einheit als Seemann mit der Handelsmarine ein Jahrzehnt zwischen Rostock und Kuba unterwegs. Tonmann Heiko Schlag war als NVA-Soldat an der innerdeutschen Grenze eingesetzt und hat für das sozialistische Vaterland Posten bezogen. Nur ich, bei den Großeltern in Halle aufgewachsen, hatte mich bereits nach dem Abitur über Berlin in

den Westen abgesetzt. Ich hatte den Aufstand des 17. Juni mit der Massendemonstration von Arbeitern aus Leuna, Buna und Ammendorf und die Niederschlagung durch die Panzer der Roten Armee als Jugendlicher miterlebt, wollte und musste fort aus dieser Diktatur, einem Land, das doch meine Heimat war. Später bin ich dann als Korrespondent für den „stern" in die DDR zurückgekehrt. Auch danach und besonders nach der friedlichen Revolution war die deutsche Geschichte in beiden deutschen Staaten mein Thema – inklusive der Aufarbeitung der SED-Diktatur.
Joachim Gauck war mit dem Ende der DDR und der deutschen Einheit als Chef der Stasi-Unterlagen-Behörde gleichfalls zum Hüter meiner Akten geworden – 1.600 Seiten. Jeder von uns ist mit seiner Biografie an die DDR gebunden.
Ich erzähle ihm, ich hätte sein Buch „Winter im Sommer – Frühling im Herbst" vor diesem Gespräch mit Interesse gelesen. Es habe mich, den DDR-Flüchtling, besonders neugierig gemacht. Zugleich sei es von großer Bedeutung für viele, vor allem in Westen, denen der Osten Deutschlands selbst nach der Einheit noch fremd geblieben ist. Diese Wirkung sei für mich vergleichbar mit der des Films „Das Leben der Anderen". Die Geschichten der Einzelnen als der Schlüssel zum Verständnis der SED-Diktatur. Der Vergleich gefällt ihm.
Sein Buch ist ein erstaunlicher Erfolg. Es gibt eine große Zahl von Publikationen über die DDR. Neben bedeutenden, eindrucksvollen wissenschaftlichen Dokumentationen auch Lebensberichte wie Rainer Eppelmanns „Fremd im eigenen Land" und „Wendewege". Dazu kommen ein paar Dutzend Autobiografien. Mehrere dieser Bücher sind mindestens so spannend wie Joachim Gaucks Erinnerun-

gen. Das Geheimnis des Erfolgs erklärt sich wohl auch mit dem Namen „Gauck“, schon lange Synonym für die Stasiaktenbehörde. Das war Reputation genug. Und es war ein brillant formulierter Lesestoff, dem die Journalistin Helga Hirsch den letzten Schliff gegeben hatte.

Der Autor und sie schildern die Geschichte des Pastors aus Rostock als ein Leben des aufrechten Ganges in der Diktatur, kein Ausweg, sondern ein Weg. Der Eindruck, der damit vermittelt wurde: Er war sich treu, widerstand, erfüllte seinen Auftrag, blieb, weil er sich als Seelsorger für seine Gemeinde verantwortlich fühlte. Die Bedingungen dafür waren bei niedrigem Einkommen mit Frau und vier Kindern nicht einfach. Er hielt aus, auch wenn drei der vier Kinder es nicht aushielten und ausreisten. Er folgte der Devise des Atheisten Robert Havemann, dass der Ortswechsel in den Westen ein Eingeständnis von Versagen und Bequemlichkeit gewesen wäre und dass man gefälligst hier in der DDR dafür sorgen solle, die Verhältnisse zu verbessern. Trotz aller Einschränkungen von Meinungs- und Reisefreiheit, trotz Repression und Bespitzelung.

So erklären sich auch die Vorhaltungen, die Gauck seinen Kindern gemacht hatte. Er half nicht, auch wenn er hätte helfen können. Er bestrafte sie für ihre Entscheidung, indem er sich ihnen verweigerte.

FAMILIENBRÜCHE

Sein Sohn Christian, seit zwanzig Jahren in Hamburg als Facharzt tätig, erzählte vor zwei Jahren anlässlich der ersten Nominierung Gaucks als Kandidat für das Amt des Bundespräsidenten von der Omnipräsenz seines Vaters, der das autoritäre Gebaren offensichtlich wieder von seinem Vater übernommen hatte. Ihm, Joachim Gauck, und seinem Beruf hatte sich alles unterzuordnen. Er wollte als ein kompromissloser Mann wahrgenommen werden, der sich hinter der Mauer für Freiheit und Gerechtigkeit einsetzte. Und der nur selten zu Hause war, sondern meist in der Gemeinde, seiner eigentlichen Familie. Sie wohnten nach ersten Jahren auf dem Lande in der trostlosen Plattenbausiedlung von Rostock-Evershagen.

Die Kinder waren dort als „die vom Pastor" ausgegrenzt. Es war klar, das sie nicht würden studieren können. Christian Gauck war der Erste, der die Situation nicht ertrug.

Über diese Zeit der Schwierigkeiten und Brüche innerhalb der Familie ist in der Biografie nur wenig zu erfahren, über die Zerrissenheit und Zweifel, über die Auseinandersetzungen mit seiner Frau und seinen Kindern, über Vorwürfe und Sturheit.

Die Geschichte von Christian und seinen Geschwistern erinnert stark an die bitteren Erfahrungen im Hause Kohl, über die der Sohn des Altkanzlers, Walter Kohl, geschrieben hat.

Darin gibt es die Erinnerung, als der Sohn den Vater fragt: „Willst du die Trennung?" – Die Antwort des Vaters lautet: „Ja!"

Diesen Dialog hat es bei Gaucks nicht gegeben, aber eine klare Rollenverteilung. Der Vater als Boss, die Mutter als Hausfrau. Und Christian?
„Meine Rolle war: Ich bin der Sohn vom Pastor. Es war dieses leben oder gelebt werden – man musste einfach funktionieren. Da wurde nicht über Gefühle geredet." Später die Verhärtung innerhalb der Familie. Über Monate herrschte „Funkstille". Der autoritäre Vater war zornig.
Auch Christian Gauck meinte, wie aus ganz anderen Gründen Kohls Sohn, zu wissen, dass sein Vater ihn fallen gelassen hatte, nachdem er sich für den Westen entschieden hatte. Schlimmer noch, Joachim Gauck, der durch seine Kontakte in Kirchenkreise die Ausreise hätte schneller ermöglichen können, verweigerte jede Hilfe. Diese bittere Erfahrung bedeutete einen Bruch – und dennoch zugleich die Erfüllung der Träume des Sohnes, der schließlich im Westen studieren und sich als Arzt seinen Lebenstraum erfüllen konnte.
Christians Weggang ist konsequent, und er ist das Resultat jahrelanger, häufig demütigender Erfahrungen in der DDR. Als Sohn eines Pastors ist er bereits in der Grundschule auf dem Land ein Außenseiter, der von seinen Mitschülern gemieden und von den Lehrern mit der Frage behelligt wird, wo denn „sein lieber Gott sei". Als Geld für die Sowjetarmee gesammelt wird, erklärt er: „Wir sind Pastors, mein Vater mag keine Rote Armee." Da er nicht in die sozialistischen Jugendorganisationen eintritt, sind seine Chancen auf einen Studienplatz nach dem Abitur gleich null. Aber nicht nur in der Schule, auch zu Hause fühlte er sich nicht wohl. Der Vater hatte keine Zeit. Er kümmerte sich um Kinder und Jugendliche in der Gemeinde, nicht aber um die eigene Familie.

Christian Gauck schreibt wütende Protestbriefe, die unbeantwortet bleiben. Schließlich stellt er 1984 einen Ausreiseantrag. Der Vater missbilligt dieses „unsolidarische Verhalten". Als Kirchenmann setzt er sich für inhaftierte Jugendliche und deren Ausreise ein. Als Vater straft er den eigenen Sohn mit Verachtung, verweigert jede Hilfe und lässt ihn drei Jahre später, ohne Rührung zu zeigen, von Rostock aus abreisen. Mit der Bahn Richtung Hamburg. In seiner Gemeinde hat er Tausende Mitglieder. Die Gottesdienste sind gut besucht. Er erteilt zu Hause in der Dreieinhalbzimmerwohnung Christenlehre und Konfirmandenunterricht.
Christian Gauck erlebt das Ende der DDR und das Engagements seines Vaters in Rostock aus der Ferne. Sein Vater wünschte, er wäre zu Hause. Aber das Zuhause gibt es nicht mehr.
Als im wiedervereinigten Deutschland ein Leiter für die zu gründende Stasi-Unterlagen-Behörde gesucht wird, fällt die Wahl auf Joachim Gauck. Er wird im Oktober 1990 zunächst Sonderbeauftragter der Bundesregierung für die Stasi-Unterlagen. Joachim Gauck trennt sich von seiner Frau Gerhild, die alle nur Hansi nennen, und zieht nach Berlin. „Meine Mutter war die Verlassene. Er ging weg. Er hatte sein neues Leben. Mein Vater hat meine Mutter nicht immer fair behandelt. Er war manchmal ein Verdränger vor dem Herrn", sagte sein Sohn Christian dazu.
Hansi Gauck hat sich in ihre Rolle gefügt, wie die Frauen vieler evangelischer Geistlicher in der DDR, die nicht selten am Ende an der Position ihrer Männer und ihres Engagements ins Abseits gerieten.
Die frühere Pfarrersfrau Erika Lietz, die noch heute als Ärztin in Güstrow arbeitet, erinnert sich: „Das Besondere

einer Pfarrersfrau in der DDR war, dass sie außen vor war. Sie musste sich einfügen, und sie war dabei im Fokus der Beobachtung. Mir ist mehrfach angeboten worden, mich scheiden zu lassen." Dann, so erklärte ihr der Kreisarzt, könnte sie Karriere machen. Erika Lietz wusste, worauf sie sich mit ihrem Mann eingelassen hatte. Sie war in der DDR dreimal arbeitslos und am Ende in einem Vollzeitjob mit drei Stunden Bezahlung beschäftigt.

Pfarrersfrauen in der DDR waren Untergebene, die für Ordnung zu sorgen hatten. Frauen von politisch engagierten Männern waren besonders belastet, weil die Staatssicherheit insgeheim immer anwesend und nicht selten auch persönlich zu Besuch war. Zum Ende der DDR, als die Männer sich auf den neuen Weg machten, zerbrachen viele dieser Ehen, wie die von Friedrich Schorlemmer, Rainer Eppelmann, Heiko Lietz, Markus Meckel und Joachim Gauck.

Erika Lietz berichtet: „Bei Jochen Gauck war es noch schwieriger. Er hatte einen Übervater und das hat er weitergegeben. Das hatte nichts mit Politik zu tun. Aber auch dort war seine intensive Gemeindearbeit eine Belastung. Erst kam er, dann alles andere."

Joachim Gauck war trotz reizvoller Angebote aus dem Westen in der DDR geblieben, weil er sich seinem Beruf als Pastor und seiner Gemeinde gegenüber verpflichtet fühlte. Er war einer von denen, die den Versuchungen widerstanden hatten.

Die Ausreise der Kinder bedeutete nicht nur einen Ortswechsel von Ost nach West. Sie war auch die späte Abnabelung von einem dominanten Vater, der alles im Hause Gauck bestimmt hatte.

Zur Versöhnung zwischen Christian und Joachim Gauck kam es erst in den neunziger Jahren, als die Familie –

wenn auch mit Distanz – wieder zusammenfand. Als Joachim Gauck die Einladung zur Geburt seines Urenkels in Hamburg aus Termingründen absagen wollte, erhielt er eine böse E-Mail seines Sohnes, fuhr nach Hamburg und bekannte danach, er sei sehr glücklich und gerührt gewesen.

Gaucks Frau Hansi hat ihm längst verziehen. Es gibt Familienfeste wie zum 70. Geburtstag des Patriarchen, bei denen sich alle zusammenfinden. Die Zeit hat die Wunden geheilt, und die Einheit hat alles möglich gemacht.

DAS ERBE DER STASI

Zum Ende der DDR wurde Joachim Gauck Mitglied im Neuen Forum, wechselte in die Politik und wurde Abgeordneter der letzten Volkskammer. Von hier aus führte der Weg direkt in eine der wichtigsten Funktionen des wiedervereinten Deutschlands. Doch gleich nach der Ernennung zum Chef der Stasi-Unterlagen-Behörde versuchten seine politischen Widersacher, ihm Schwierigkeiten zu bereiten. Er geriet zwischen die Fronten unterschiedlicher Interessen. Seine Gegner waren nicht nur im Osten, sondern auch im Westen zu finden. Professor Manfred Wilke erinnert sich, welche Boykottversuche Bonn unternommen hatte.

> Nachdem das Ende der SED-Herrschaft klar zu erkennen war, entschied sich Joachim Gauck für das Neue Forum, er wurde als ihr Abgeordneter in die Volkskammer gewählt. Er begleitete die Entwicklung in Deutschland mit rhetorischer Brillanz.
> Seine Fraktion schickte ihn in den Innenausschuss, in den er selbst gar nicht wollte. Das war die entscheidende Weichenstellung für seinen Aufstieg. Es war der Ausschuss, der sich mit der Zukunft der Aktenberge des Mielke-Imperiums befassen musste. In seiner Autobiografie schreibt er selbst: „Nie wäre es mir in den Sinn gekommen, dass die Staatssicherheit nun mein Thema werden sollte." Die Akten hatten Bürgerkomitees in den Bezirksstädten der DDR im Dezember 1989 vor der befoh-

lenen Vernichtung gerettet, indem sie die Bezirksleitungen des MfS besetzten. Wollte Mielke bis zum Herbst 1989 unter Einsatz geheimdienstlicher Mittel erfahren, wer ist wer in der Gesellschaft der DDR, so kehrten die Bürgerkomitees diese Frage nun um. Für sie war es überlebenswichtig und befreiend, durch Aufdeckung die IMs kennenzulernen, die sie bespitzelt, Lebenspläne zerstört, Leid verursacht oder zum Heimatverlust gezwungen hatten. Nur so ließe sich das Misstrauen überwinden und könne erneut Vertrauen unter den Menschen wachsen. Der Weg zu diesem Ziel schien einfach. Die Stasi-Besetzer in Gera dachten es sich so: Unterlagen finden und veröffentlichen, dann ist alles klar. Klar sollte sein:

1. Wer waren die Stasi-Spitzel unter uns?
2. Welche Verbrechen hatten sie begangen?
3. Wer war dafür verantwortlich?

Es war eine naive Vorstellung, geboren aus dem Überschwang der Überwindung der gefürchteten Geheimpolizei der SED.

Es war nicht der grüne Pfeil, sondern die Erblast dieser Akten, die von der DDR im vereinigten Deutschland vor allem gegenwärtig blieb. Über die Frage, was mit den Akten geschehen sollte, kam es im Sommer 1990 zu einem spektakulären Konflikt zwischen der Bundesregierung und den Akteuren der friedlichen Revolution. Man hatte zwar ein Gesetz zur Sicherung der Stasi-Akten und zu ihrer Öffnung beschlossen, aber der Einigungsvertrag zwischen den Regierungen Lothar de Maizière und Helmut Kohl besaß eine bezeichnende Lücke, die diese Akten betraf. In dieser Situation ergriffen erneut Bürgerrechtler wie Bärbel Bohley und Katja Havemann die Initiative und besetzten die MfS-Zentrale in Berlin-Lichtenberg. Gauck selbst stand diesem Unternehmen distanziert gegenüber, räumte aber in seiner Autobiografie ein, dass letztlich diese Aktion geholfen hat, den Konflikt zum Thema der deutschen Politik zu befördern. Der Einigungsvertrag wurde geändert und nach den ersten gesamtdeutschen Wahlen 1990 sollte der Bundestag eine Behörde zur Sicherung der MfS-Akten, ihrer Öffnung für die Opfer, die Justiz, die Wissenschaft und die Medien errichten. Die Akteneinsicht symbolisiert die Selbstbefreiung der Gesellschaft von der Atmosphäre der Lüge und des Misstrauens, die eine direkte Folge der flächendeckenden Überwachung der DDR-Gesellschaft durch das MfS war. Dieser Akt der Selbstbefreiung durch Überwindung der SED-Diktatur im Vereinigungsprozess ist geglückt. Die Juristen der Bundesrepublik hatten im Hinblick auf das Stasi-Unterlagen-Gesetz (StUG) mit den Akten rechtssystematisch ganz andere Probleme: Das Material wurde zusammengetragen unter Bruch aller Grundrechte, die das Grundgesetz den Bürgern der Bundesrepublik garantiert. Viele Erkenntnisse und Informationen, die das MfS auf diese Weise gewonnen hatte, waren etwa vor Gericht schon alleine durch die Art ihrer Entstehung nicht zu verwenden. Eine Partei erkannte sofort die Chancen, die ihr der Rechtsstaat bot, um die Aufklärung der von der SED veranlassten MfS-Verbrechen zu begrenzen, und das war die Fortsetzungspartei der SED, die PDS.

1991 wurde im Bundestag das Stasi-Unterlagen-Gesetz parlamentarisch beraten. Auch der Vorsitzende der PDS-Bundestagsgruppe nahm Stellung, wie mit den MfS-Akten verfahren werden sollte. Gregor Gysi hielt sich an den Vorschlag der beiden Regierungen von 1990, mit diesen Akten restriktiv umzugehen. Er wusste, dass die Debatte über Strukturen und Aufgaben des MfS unvermeidlich war. Ihm war ebenso klar, dass seine Partei diese Diskussion in der Sache nicht bestehen und in ihrer Mitgliedschaft nicht aushalten würde. Trotzdem war der Ausgang dieser Debatte offen. Gysi sah die Chance, durch eine restriktive Zugangsregelung die eigenen Kader und sich selbst zu schützen. Noch war nicht bekannt, dass er im MfS als IM „Notar" geführt worden war. Historisch bedingt war die PDS die Partei, die den Täterschutz politisch vertreten musste und dies auch tat.

Gysis Negativkatalog für den Umgang mit den Akten war nur konsequent. Der erste Punkt konzentrierte sich auf die Materialien, die als Beweismittel für Straftaten in Frage kamen: „Gegebenenfalls sind sie den Strafverfolgungsbehörden zu übergeben. Im anderen Fall sind sie für eine bestimmte Frist aufzubewahren. Zu einem späteren Zeitpunkt wird über ihre Vernichtung zu entscheiden sein. Eine Übergabe [...] an Dritte ist zu untersagen."

Die zweite Sorge, die ihn umtrieb, war die Eingrenzung des Auskunftsrechts. Die antifaschistische Begründung: „Damit soll u.a. verhindert werden, dass z.B. Kriegs- oder andere Gewaltverbrecher, deren Handlungen Untersuchungsgegenstand des

MfS waren, ihre Akten herausverlangen können." Drittens wollte er das Verbot von Auskünften „an in- und ausländische Nachrichtendienste oder den Verfassungsschutz [...], um nicht auf diese Art und Weise eine indirekte Fortsetzung der geheimdienstlichen Tätigkeit des MfS zu ermöglichen". Viertens gipfelte sein Forderungskatalog in dem Satz: „Ein Missbrauch der Akten des ehemaligen MfS muss unter Strafe gestellt werden." Wie man sieht, übernahm die gewendete Partei der Diktatur sofort den Schutz der Demokratie.

1991 wurde die PDS-Strategie, das Aufklärungsbegehren durch die systematische politische Nutzung des Rechts zu konterkarieren, nicht weiter beachtet. Die PDS hatte aber genau den archimedischen Punkt in der Bundesrepublik erkannt, von dem aus mit Prozessen der Schutz der willigen Helfer und verantwortlichen Täter des MfS vor strafrechtlicher Verfolgung betrieben werden konnte. Gysi war sich sicher, dass es andere Betroffene gab - wie zum Beispiel den Brandenburger Ministerpräsidenten Manfred Stolpe, den das MfS als IM „Sekretär" führte, der ebenfalls auf den Rechtsstaat setzte, um die politischen Konsequenzen seiner MfS-Kontakte abzuwehren. Der Rechtsweg war elegant, zielte auf das Rechtsstaatsverständnis und das Unverständnis über die Strukturen der SED-Diktatur der liberalen Öffentlichkeit. Das politische Ziel war klar die historische Debatte, und die politische Aufklärung sollte in die Gerichtssäle verbannt werden. Diese Strategie nutzte das Recht jedes Deutschen auf den Schutz durch eine unabhängige Justiz. Nach der von ihr

bekämpften Vereinigung des Landes waren auch die Stasi-Offiziere und ihre Spitzel Deutsche im Sinne des Grundgesetzes.
Im Spannungsverhältnis zwischen Aufklärungsinteresse und Rechtsschutz für nicht betroffene Dritte und der Abwehr des Missbrauchs der MfS-Akten, um die öffentliche Diffamierung von Opfern und damit die Fortsetzung der Zersetzungsarbeit des MfS zu verhindern, entstand die Behörde des „Bundesbeauftragten für die Unterlagen des Staatssicherheitsdienstes der ehemaligen Deutschen Demokratischen Republik" – die „Gauck-Behörde". Ihr administrativer Schöpfer war ein brillanter Jurist aus dem Westen, Dr. Hansjörg Geiger.
Geiger musste aus dem Stand eine rechtsstaatlich gesicherte Akteneinsicht für Opfer und Justiz gewährleisten, parallel die Behörde aufbauen, deren Beschäftigte sich überwiegend aus Angestellten des DDR-Staatsapparates zusammensetzten, und die rasche Auskunft über MfS-Belastung für den öffentlichen Dienst organisieren. Gauck fiel als Bundesbeauftragtem die Aufgabe zu, die Aktenöffnung und ihre Ergebnisse zu kommunizieren und auf Basis des Stasi-Unterlagen-Gesetzes rechtliche Güterabwägungen über die individuelle und öffentliche Verwendung der Stasi-Akten zu treffen. Die Rolle nahm er an und moderierte die Konflikte zwischen Bürgerrechtlern, Opfern, dem westlichen Misstrauen gegenüber diesem Experiment der Öffnung der Akten einer Geheimpolizei, und er verstand es, die liberalen Medien zu nutzen. Sehr schnell wurden der „Spiegel" und die „Hamburger Zeit" zu den von

ihm besonders beachteten Medien in den Konflikten, in die die Behörde schnell geriet.

Joachim Gauck übernahm so eine schwierige, aber wichtige Aufgabe, bei der er Forderungen und Wünsche von DDR-Oppositionellen missachtete. Der Schriftsteller und Psychologe Jürgen Fuchs hatte eine gründliche Aufklärung der Vergangenheit der Staatssicherheit mit ihren Verbrechen gefordert. Manfred Wilke erzählt diesen Konflikt.

Die Arbeitsgruppe, die Jürgen Fuchs im Sinn hatte, um das Werk der Aufarbeitung in der Behörde zu beginnen, sollte aus den Besetzern der ersten Stunde aus Gera, Erfurt und Suhl, aus dem ehemaligen Häftling und MfS-Historiker Karl Wilhelm Fricke, aus Reiner Kunze und Lutz Rathenow bestehen. In dreifacher Hinsicht war dies eine naive Vorstellung aus dem Überschwang der Aktenöffnung. Erstens unterschätzte Fuchs den Umfang der Stasi-Akten, zweitens hatte er natürlich nur die der Geheimpolizei vor Augen, die Auskunft gaben über das Schicksal zum Beispiel seines Freundes Matthias Domaschk aus Jena, der in einer Zelle der MfS-Untersuchungshaftanstalt unter ungeklärten Umständen starb, und drittens übersah er den Zeitfaktor und den politischen Kontext, in dem das Gesetz entstand. Als im Januar 1992 die erste Akteneinsicht prominenter Opfer des MfS stattfand, war die Behörde im Aufbau, das Personal kam überwiegend aus der Staatsverwaltung der alten DDR, die Öffnung der Akten einer Geheimpolizei war ein einmaliger politischer Vorgang in der Weltgeschichte, und vor allem mussten die Mitarbeiter der Behörde lernen, die Akten zu lesen, um sie zu sichern und aufzubereiten für die Benutzer. Außerdem drängte die Politik, dass die Behörde Parlamente und Regierungen überprüft, ob sich unter den Spitzen von Politik und Verwaltung inoffizielle Mitarbeiter der Stasi befanden. Nach dem Einigungsvertrag war eine nicht angegebene Mitarbeit bei Mielkes Truppe der einzig mögliche Kündigungsgrund für Mitarbeiter, die aus der DDR kamen. Der Aufbaustab der Behörde setzte in dieser Situation auch auf kooperationsbereite MfS-Offiziere, die sich im Labyrinth der Akten auskannten. Das politische Überleben der Behörde in diesem Jahr hing besonders von der Erledigung der Überprüfungen für Regierungen und Parlamente ab.

In der vom Direktor bestimmten Recherchegruppe fand Fuchs als „Spezial-Rechercheure" auch die beiden MfS-Offiziere Bäcker und Hopfer als Mitarbeiter vor. Sein Dialog mit diesen beiden Experten verdeutlicht die Diskrepanz zwischen dem Widerstandskämpfer und den gestrigen Feinden, die nun der Aufklärung über die Verbrechen ihres Dienstes dienen sollten:

„Welchen Dienstgrad hatten Sie? Oberstleutnant, sagt Bäcker. Und Sie sind der Einzelkämpfer, fragt er. Was habe ich ihm geantwortet? Das Gedächtnis des Einzelkämpfers lässt nach. In der Haft, in der Not, in der Niederlage frisst sich alles ein, jeder Ölsockel, jedes miese Grün oder Grau, jedes Grinsen, auch jedes eigene Wort und das Gestammel dazu ...

Aber danach, nach der ‚Wende', in der neuen Zeit? Beim Dialog mit kooperationsbereiten ehemaligen Offizieren? ... Was ist mit dir, denke ich, hast du Angst vor ihnen? Und das wollen wir Ihnen gleich sagen, teilt Bäcker mit, wir haben keinen Befehl, diese Tätigkeit hier auszuführen, wir haben ständig Ärger mit bestimmten Kreisen ehemaliger Mitarbeiter. Ach so, sage ich. Wer ist Ihr Vorgesetzter, fragt Bäcker, Dr. Rolle? Ich nicke. Vielleicht sind Sie meine Vorgesetzten, sagte ich. Aber, aber, Bäcker und Hopfer lachen ihr Lachen."
Unversöhnlich stand zwischen dem ehemaligen Häftling und den früheren MfS-Offizieren ihre gemeinsame, aber gegensätzliche Vergangenheit, das Misstrauen lebte fort – ein Misstrauen, das auf Erfahrung gründete.
Die Differenz zu den westdeutschen Historikern, die die Leitung der Abteilung Bildung und Forschung übernahmen, war keine moralische – hier ging es um unterschiedliche Erkenntnisinteressen. Jürgen Fuchs betrieb intentionale Forschung, über deren wissenschaftliche und politische Ziele er offen sprach. Sein psychologisches Interesse wird bei ihm oft übersehen, aber er wollte wissen, mit welcher Methodik die operative Psychologie des MfS ihr Ziel erreicht hatte, menschliche Individualität zu zerstören. Der Psychologe wollte verstehen, um individuell und kollektiv helfen zu können. Der Schriftsteller beteiligte sich an der öffentlichen Debatte, die er gleichermaßen als Einmischung in eigene Angelegenheiten und politische Notwendigkeit der Diktaturbewältigung verstand.

Es waren aber nicht nur die MfS-Spezialisten, denen er misstraute, auch die in der neu geschaffenen Abteilung Bildung und Forschung eingestellten westdeutschen Historiker und Politikwissenschaftler aus dem Westen hatten andere Ziele. Die Arbeit in einem der größten zeitgeschichtlichen Institute der Bundesrepublik mit gesetzlich gewolltem, privilegiertem Aktenzugang zu dem einzigen offenen Geheimdienstarchiv der Welt bot exzellente Chancen, ein neues Forschungsfeld zu erschließen und sich in der Wissenschaft einen Namen zu machen.
In einem fiktiven Dialog in dieser Abteilung über seinen Roman „Magdalena" hat Jürgen Fuchs die interne Abwertung seiner Erfahrungen mit den Widersprüchen in dieser Behörde festgehalten, die seinem Erkenntnisinteresse im Weg standen und dem gesetzlichen Aufklärungsauftrag zuwiderliefen. Kühl und zugespitzt zeigt er die Kluft, die zwischen ihm und diesen Historikern lag:
„Das Manuskript ist unbekannt und liegt im Hause nicht ein. Was soll schon drinstehen, sagt Dr. Suckut aus Mannheim, jetzt Berlin am Molkenmarkt, an der Stasi-Front, zu Dr. Henke, seinem Vorgänger, der aus München kam, vom Zeitgeschichtlichen Institut.
Seine Bauchschmerzen, vermutet Henke. Er ist ja ein Opfer, ein Betroffener und kein ‚Grüß-Gott-Historiker' aus Bayern, er hat alles selbst erlebt, ergänzt Suckut, leicht und prompt wird es ihm über die Lippen kommen: der Staatsfeind, der Oberdissident, so doll war seine Zersetzungsanalyse in der Info-Reihe der Behörde auch wieder nicht, er wird sich wohl

etwas aufgespart haben, wer weiß, wohin die vielen Kopien gegangen sind, jedes Mal konnte der Pförtner nicht kontrollieren ... Er hatte einen Vertrag, da stehen Bedingungen und Pflichten drin, holt Suckut aus seinem amtlichen Gedächtnis. Plus Honorar, sagt der Dr. Henke. Plus Honorar, echot Suckut, gut, so viel war es nicht, Geld ist nicht der Punkt, aber solche Leute, das haben wir immer gesagt, lassen sich einfach nicht einbinden. Beide wollen sich in Zukunft auf dem Laufenden halten."

Ja, was steht schon drin, in dem heute vergriffenen Buch „Magdalena"? Der 1998 erschienene Roman ist nur ein Torso, ihm sollten zwei Bände folgen, die der Autor nicht mehr schreiben konnte. Der seltene Krebs, der bei ihm ebenso wie bei seinen Freunden Gerulf Pannach und Rudolf Bahro zuschlug, hat dies verhindert. Die Untersuchung, ob das MfS diese Krankheit in der Haft durch gezielte radioaktive Bestrahlung hervorgerufen hat, verlief ergebnislos.

Der eigentlich empörende Sachverhalt war die Haltung, die Jürgen Fuchs in diesem Dialog hervorhebt und die ihn emotional und intellektuell traf. Diese akademischen Sachbearbeiter an der „Stasi-Front" setzten die Forschung von ihm, dem Akteur, nachdem der eigentliche Kampf beendet war, unter wissenschaftlichen Rechtfertigungsdruck. Dies widerfuhr ihm in einer Behörde, die dem gesetzlichen Auftrag verpflichtet war, die MfS-Verbrechen und den Widerstand gegen die Diktatur zu erforschen und die Ergebnisse zu publizieren. Unausgesprochen warf dieser Dialog die Frage auf: Wie kann die Aufklärung über die Diktatur gelingen, wenn die verantwortlichen Historiker so über einen Menschen urteilen, der eben nicht nur ein „Betroffener" war, sondern der es gewagt hatte, dieser Diktatur zu widerstehen, als sie noch die Macht zum Töten besaß.

Es gilt heute als sehr wahrscheinlich, dass diese „Macht des Tötens" auf eine besonders infame Weise auf Oppositionelle angewendet worden ist. Die Versuche einer Aufklärung wurden von Joachim Gauck abgelehnt. Manfred Wilke weiter:

> Jürgen Fuchs, der Liedermacher Gerulf Pannach und Rudolf Bahro wurden Ende der neunziger Jahre von einer seltenen Krebserkrankung befallen, sie waren ungefähr zur selben Zeit vom MfS inhaftiert worden. Jürgen Fuchs vermutete, dass er in der U-Haft bestrahlt wurde. Dieser Verdacht konnte nie bewiesen werden. Die Aufklärung solcher mysteriösen Todesfälle nach MfS-Haft war kein Schwerpunktthema für die Justiz, aber auch der Bundesbeauftragte Gauck gab erst nach heftigen Diskussionen im Beirat seiner Behörde ein entsprechendes Gutachten in Auftrag.
> Die Geschichte der Stasi-Unterlagen-Behörde ist noch nicht geschrieben, unter dem Strich wird sie als gelungene Form der Aufklärung über die Geheimpolizei der SED-Diktatur bewertet. Jürgen Fuchs konnte seine Auseinandersetzung über die ersten sieben Jahre dieser Behörde nicht mehr vollenden. Nur der Band „Magdalena" der geplanten Trilogie

konnte noch vor seinem Tod 1999 erscheinen, es ist sein hartes Urteil über die Amtszeit von Gauck.
„Magdalena“ hält akribisch fest, wie das Aufklärungsinteresse des politischen Widerstands über die Aktivitäten der Stasi mit der Gründung der Behörde zur Verwaltung und Erschließung der Akten überlagert und das Erkenntnisinteresse der Bürgerkomitees verformt wurde. Jürgen Fuchs sah den Weg der Behörde vorgezeichnet: Das sich verselbstständigende juristische Regelwerk des Zugangs zu den Akten wird immer komplizierter, vermehrt die juristischen Regelungstechniken und führt zur Herausbildung einer Spezialdisziplin der Zeitgeschichte, die sich vor allem durch ihre „privilegierte Akteneinsicht“ legitimiert. Fuchs' Prognose ist nun Realität geworden und gehört zu dieser Geschichte der Akteneinsicht, die von Bürgerkomitees 1989/90 erkämpft wurde.
Trotzdem bleibt es das Verdienst der BStU, die Akteneinsicht für die Betroffenen organisiert zu haben. Dank ihrer Arbeit wurde diese Aufgabe schnell gelöst und trug entscheidend zur politischen Befriedung der neuen Bundesländer bei.
Die politisch bedingte Sonderverwaltung der MfS-Akten hat damit ihre zentrale Aufgabe gelöst, die heutige Akteneinsicht hat ihre politische Sprengkraft verloren. Die Dimension der flächendeckenden Überwachung einer ganzen Gesellschaft, die die SED durch das MfS zu realisieren versuchte, wird auch künftig ihre Bedeutung als historisches Thema behalten. Die seelischen Wunden sind tief, die das MfS als Zuchtmeister der „fürsorglichen Diktatur“, wie manch ein Historiker die SED-Diktatur baga-

tellisierte, in den betroffenen Menschen und ihren Kindern hinterlassen hat. Für die Fortdauer einer eigenständigen Sonderverwaltung dieser archivarischen Erblast der der SED-Geheimpolizei besteht heute keine politische Notwendigkeit mehr. Die Zeit, da die Bundesbeauftragte, gestützt auf die Akteneinsicht der betroffenen MfS-Opfer, als moralische Instanz zur Durchsetzung der Aufarbeitung von Geschichte und Folgen der SED-Diktatur angesichts der starken „Schlussstrichkoalitionen" ein politisches Gewicht besaß, ging nach Gaucks Amtszeit zu Ende. Die Debatte um die Überführung der Akten in das Bundesarchiv begann.

Joachim Gauck hatte sich in seiner Funktion als Chef der Stasi-Unterlagen-Behörde mit ein paar DDR-Prominenten auseinanderzusetzen. Zu seinen Gegnern musste zwangsläufig auch der damalige brandenburgische Ministerpräsident Manfred Stolpe gehören, über den sich in den Unterlagen schwerwiegend belastendes Material über seine Kontakte zum Staatssicherheitsdienst gefunden hatte. Und beinahe selbstverständlich kam es zur Auseinandersetzung mit Gregor Gysi, der sich mit allen juristischen Mitteln zur Wehr zu setzen versuchte. Dennoch war und blieb klar: Er war eindeutig ein informeller Mitarbeiter der Stasi gewesen. Die Form der Vergangenheitsbewältigung durch Joachim Gauck als Behördenchef wird bis heute gegensätzlich beurteilt.
Doch gleich nach der Ernennung zum Chef der Stasi-Unterlagen-Behörde, die in den Medien wie im Volksmund seinen Namen trug, versuchten seine politischen Widersacher, ihn zu diffamieren.

Im Internet-Portal „Scharf Links“ wird Joachim Gauck bis heute selbst als inoffizieller Mitarbeiter der Staatssicherheit bezeichnet. Der Autor Jürgen Meyer versteigt sich dort zu absurden Mutmaßungen und Verdächtigungen. Er beruft sich auf die Aussagen eines ehemaligen Stasi-Mannes:

> Der Stasi-Begünstigte Joachim Gauck (Zitat des ehemaligen CDU-Innenministers Peter-Michael Diestel) wäre eine schlechte Wahl fürs Land.
> Nicht weil er eine damalige Nähe zur Stasi der DDR hatte und mit Stasi-Offizieren verhandelt hatte, sondern weil viele Linke mit gleicher Vergangenheit diskriminiert und aus dem öffentlichen Dienst verbannt wurden, während Mitarbeiter der Stasi mit damaligen CDU-Parteibuch oder aus Kirchenkreisen nicht entsprechend ausgrenzend behandelt wurden.
> Er lobte seinerzeit die Stasi und er wurde mit einem VW-Bus für seine Kooperation entlohnt, der für DDR-Normalbürger unerreichbar war.
> Natürlich brachte er es zum Westreisekader und seine enge Verflechtung in das DDR-System zeigt das Stasi-Terpe-Papier eindrucksvoll auf.
> Dabei musste Gauck bereits am 21. April 2000 zittern, denn an diesem Tag wurde das brisante Terpe-Papier veröffentlicht. Die „Welt“ hatte das Papier bereits am 23. April 1991 publiziert. Doch West-Lesern blieb die Kern-Problematik verborgen. Ihnen fehlten DDR-Intim-Kenntnisse.
> Wer aber legt fest, wer Opfer und Täter der Stasi ist? Praktischerweise die Gauck-Behörde selber.
> Das Terpe-Papier reicht nach Aussage von Peter-Michael Diestel aus, ihn wie Tausende andere Men-

schen aus dem öffentlichen Dienst zu verbannen. Gauck hatte den Stasi-Namen „Larve“ und er ist nach Maßstäben seiner Behörde ein Täter und kein Opfer. Ein von der Stasi überprüfter und für gut befundener Täter, wie Stasi-Berichte über Gauck belegen. Dass Gauck im öffentlichen Dienst verbleibt, wird im Osten als absolute Ungerechtigkeit und Siegerjustiz-Mentalität gewertet und missbilligt. Sonderschutz und Privilegien für einen willigen Vollstrecker der SED-Herrschaft in der ehemaligen DDR ist eine noch harmlose Beschreibung dieses Umstandes.

Anmerkungen eines Ostdeutschen und als letzter DDR-Innenminister sicher auch eines Kenners der Materie und von Geheimdienst-Papieren zum Dossier von MfS-Hauptmann Terpe über seine Begegnung mit Larve/Gauck am 28. Juli 1988:

Gauck erklärte nach der Wende in der „FAZ“, die auch für ihn zuständige mecklenburgische Kirchenleitung habe vor der Wende jegliche Kontakte zur Stasi untersagt. Trotzdem fand ein Treffen mit dem Stasi-Offizier Terpe ohne Zustimmung seiner vorgesetzten Kirchenbehörde und demnach wohl konspirativ statt? Der Stasi-Mann hatte Gauck telefonisch kontaktiert. Gauck hat dem MfS-Mann dann sogar weitere positive Gespräche im Sinne der DDR-Regierenden in Aussicht gestellt. Gauck kündigte an, er werde von dem Gespräch mit Terpe den Landesbischof informieren. Ein solches Kirchen-Papier ist aber bis heute nicht aufgetaucht.

Das Treffen mit der Stasi fand in Gaucks Wohnung und nicht in einem Dienstzimmer der Kirche statt.

Pastor Gauck erklärte dem Hauptmann Terpe, er sei nicht gewillt, „mit nicht kompetenten Mitarbeitern des MfS Gespräche zu führen“, er würde sich von vornherein verbieten, „mit einem kleinen Leutnant des MfS zu sprechen.“ – Das ist die Sprache eines Systemkonformen und nicht die eines Widerständlers. Mit „kleinen Mitarbeitern“ lassen sich „große Dinge“ nicht besprechen. Er wollte mit Entscheidungsträgern der Stasi direkt verhandeln und offenbar hatte er zu vielen Stasi-Mitarbeitern Kontakte. Er glaubt nämlich, bei deren Mitarbeiten oftmals Neurosen erkennen zu können.

Ausführlich sprach Pastor Gauck über den Kirchentag in Rostock.

Gauck lobte den Dialog zwischen Christen und Marxisten, wie er mit Vertretern des Bereiches Marxismus/Leninismus auf dem Rostocker Kirchentag stattfand und er sprach sich für dessen Weiterführung aus. Er bedauerte, dass der SED-Chefideologe Reinhold daran leider nicht teilgenommen habe. Gauck biedert sich der DDR-Führung regelrecht an. Pastor Gauck wünschte sich für die DDR stabilisierende Veränderungen gorbatschowscher Art. Er befürchtete, dass sich die positiven Zielsetzungen der DDR sonst nicht realisieren lassen. Gauck als DDR-Stabilisator.

Ausreisewillige wollte er von ihrem Irrweg abbringen.

Gauck würdigte und erwähnte weiterhin seine vielen BRD-Reisen. Offensichtlich erhielt er viele Begünstigungen und Privilegien durch die DDR-Machthaber und -Behörden. Andere Millionen DDR-Bürger

wollten reisen und durften vor Eintritt ins Rentenalter nicht in den Westen reisen.
Intensiv wurde auch das Thema „Ausreise“ und Übersiedler thematisiert.
Terpe sagte: „Gauck äußerte, dass er selbst in seiner Gemeinde dahingehend wirksam werden will, dass er die ihm dort bekannten Übersiedlungsersuchenden durch Gespräche, mehrmalige Gespräche beeinflussen will, damit sie in der DDR bleiben.“ Terpe dankte ihm ausdrücklich dafür. - Deutlicher kann man eine Bereitschaft zur Kooperation mit dem SED-Staat kaum formulieren. Pastor Gauck nahm im Sinne des MfS, der SED, des Staates Ausreisewillige an die Brust.
Pastor Gauck beschimpfte Ausreisewillige, junge Angehörige der Intelligenz wie auch Ärzte und Jugendliche, und er attestierte ihnen eine Unterentwicklung im Punkt Heimatgefühl. Das Verschweigen politischer Beweggründe kann als Demutshaltung gegenüber dem MfS-Hauptmann gewertet werden.

Noch immer gibt es den alten Hass. Die Kampagnen von Seilschaften, die versuchen, die Atmosphäre zu vergiften und jeden des Stasi-Kontakts verdächtigen. Ob nun Joachim Gauck oder Angela Merkel, niemand, der im Jargon alter SED-Genossen zum Klassenfeind gehört, bleibt davon verschont. Hetze und Hass werden noch lange kein Ende haben. Sie zeigen (und deshalb der Abdruck eines Teils dieser Schmähschrift), wie die Bösartigkeit noch immer wuchert.
Die Zeitung „Junge Welt“ schürt die Verdächtigungen weiter. Sie veröffentlichte nach Gaucks Nominierung für das

Amt des Bundespräsidenten eine Liste von Vergünstigungen, die Joachim Gauck von der Staatssicherheit erhalten habe. Dazu hätten unter anderem auch ein Bus für die Gemeindearbeit und Westreisen gehört. Allerdings war es nicht ungewöhnlich, dass führende Männer der evangelischen Kirche durch ihr Amt auf Grund von Kontakten zur Kirche nicht nur in der Bundesrepublik durchaus gegenüber anderen privilegiert waren.
Dazu die Reaktion von Hans-Jochen Tschiche, dem zu DDR-Zeiten engagierten und von der Staatssicherheit streng überwachten Oppositionellen aus Magdeburg:

> Man darf sich auf keinen Fall auf solche Gerüchte und Verleumdungen einlassen. Es ist eine üble Art, um Leute zur Strecke zu bringen. Man sagt ihnen Stasi-Kontakte und Liebschaften nach. Ich habe nach 1989 ähnliche Erfahrungen gemacht.

Als wir bei unseren Dreharbeiten 2009 im Strandhaus der Familie im ersten Stock die richtige Position für unser Gespräch gefunden haben und das Team das Licht einrichtet, diskutieren wir währenddessen über die immer neu aufflammenden Verdächtigungen, über die Unzufriedenheit vieler ehemaliger DDR-Bürger und über das vorherrschende Desinteresse vieler Deutscher an der Einheit, eine Haltung, die Gauck bei jeder Gelegenheit missbilligt.
Zwei Jahre zuvor haben wir bereits in Berlin ein ausführliches Interview miteinander geführt.
Joachim Gauck äußerte sich für eine Dokumentation über die Wege, die in der DDR zur friedlichen Revolution geführt hatten, eine Entwicklung, die nach seiner Meinung bereits mit dem 17. Juni 1953 in der DDR begonnen hatte

und sich mit den Geschehnissen in Ungarn, der Tschechoslowakei und später in Polen fortsetzte:

> Die Charta-Leute aus Prag waren uns in der Kirche sehr nahe. Wir haben versucht, die Texte von Václav Havel und anderen zu verbreiten. Das eigentlich Überraschende für uns war der frühe Widerstand in Polen, der bereits ab 1970 begonnen hatte und nur mit dem Kriegsrecht gebrochen werden konnte. Aber dass sich eben die Solidarność so früh gezeigt hat, dass der polnische Widerstand schon 70 nur mit dem Kriegsrecht niedergehalten werden konnte, war ein Zeichen. Um die Zeit Ende der siebziger, achtziger Jahre formiert sich dann etwas, was immer machtvoller den Charakter einer Volksbewegung annimmt. Da sind natürlich viele Leute gerade bei uns in der evangelischen Kirche wach geworden. Einzelne Gruppen haben die Themen Menschenrechte, Umwelt und Frieden intensiv behandelt. Wir haben zur Zeit der Helsinki-Verhandlungen versucht, bei uns das Thema Menschenrechte zur Sprache zu bringen. Sie sollten und mussten auch bei uns in der DDR anerkannt und praktiziert werden. Wir wollten dokumentieren, dass wir nicht die fünfte Kolonne des Westens sind, sondern normale politische Ziele haben, eigene Vorstellungen von Demokratie, die in Osteuropa offensichtlich nicht anerkannt wurden. Polen hat uns ermutigt.
> Warum aber ging es dann nun 89 bei uns los? Dafür gab es verschiedene Gründe. Zum Beispiel hatten inzwischen sehr viele Menschen den Westen ge-

sehen. Ich will einmal einfach beschreiben, wie es mir ging, als ich zum ersten Mal nach zehn Jahren wieder in den Westen kam, den ich ja schon aus der Zeit vor dem Mauerbau kannte, im Gegensatz zu der Generation meiner Kinder. Ich kam rüber, und es war solch ein Unterschied. Nicht nur was die Geschäfte betraf, den Konsum und die Kultur, sondern wie die Menschen miteinander umgingen. Wie die Schule organisiert war! Welche Rechte Schüler hatten! Das es Klassensprecher gab und Schülerzeitungen gab! Und was an den Universitäten los war! Das geistige Klima, die politische Kultur hatten sich völlig verändert. Und selbst einfache Menschen hatten hier ein gutes Einkommen, sogar ein vergleichsweise kleines Vermögen. Es gab Arbeitnehmer, die eigene Häuser besaßen und seit langem Autos fuhren.

Wir anderen sahen eben auch den geistigen Reichtum einer offenen Gesellschaft. Es war alles sichtbar. Ein ungeheurer Abstand zu den Verhältnissen bei uns. Und jeder Rentner oder jeder, der zu einer dringenden Familienangelegenheit rüberfuhr, und in diese stinkende, verkommende DDR zurückkam, in der sich nichts rührte, sagte: „Das geht nicht mehr lange gut." Mit dem verstärkten Reiseverkehr kamen immer mehr zurück und waren hier unzufrieden. Dann kommt der Sommer 89 und unsere jungen Leute hauen ab in die Botschaften. Es war ein bleierner Sommer. Bei uns regte sich nichts. Die Regierung in Berlin saß nur noch da und verwaltete ihre Herrschaft. Sie war erstarrt. In Agonie. Sie konnten nicht mal mehr richtig unterdrücken, wussten nicht, was zu tun war. Sie wollten nicht die Öffnung. Gorbatschow lehnten sie ab, sie hatten den „Sputnik“ verboten, wo sich der normale DDR-Bürger ein bisschen über Gorbatschows Thesen informieren konnte. Das wollten sie auch nicht. Sie wollten erst mal den 40. Jahrestag ihrer Herrschaft erleben und feiern. Aber die jungen Leute haben gesagt: „Jetzt reicht's.“ In ihren Ferien sind sie wirklich massenhaft nach Ungarn, sogar nach Warschau in die Botschaft oder nach Prag. Durch die mutigen Ungarn sind dann die Leute über die Grenzen gekommen. Und dann kam die Geschichte mit den Botschaften. Aber auch dann dieser innere Stillstand. Honecker aber ließ im „Neuen Deutschland“ schreiben, dass wir denen keine Träne nachweinen, weil die abgehauen sind. Das waren unsere Söhne und Töchter, die Liebsten, die plötzlich weg waren aus einer Beziehung, aus ihren Familien. Wir haben sehr viel geweint. Nur die Herrschenden wollten nicht weinen, und da entstand sehr viel Wut. Die Emotionen wurden immer stärker und die Verzweiflung. Wir Kirchenleute wollten ja auch nicht verlassen werden. Einerseits fühlten wir, sie hatten ein Recht darauf zu gehen. Gleichzeitig waren wir gnatzig. Ich selber hatte ja auch schon meine ältesten Kinder verloren und war nicht besonders glücklich gewesen. Wir wollten ja nicht mit Honecker alleine bleiben. Nun verschwanden sie, und wir wurden immer wütender und fragten uns: Was soll denn geschehen? Und es ging ein Aufatmen durch das ganze Land, als wir die ersten Papiere in die Hand bekamen, aus denen wir erfuhren, dass sich etwas tat. Meckel und Gutzeit gründeten die SPD. Das Neue Forum entstand mit Jens Reich und anderen, die sich hingesetzt und aufgeschrieben hatten, was sich verändern müsste.

PFARRER IN ROSTOCK-EVERSHAGEN

Damals, 2007, hatte Joachim Gauck daran erinnert, dass er lange Zeit entschieden dagegen gewesen war, die DDR zu verlassen.

> Wissen Sie, es war mir immer lieber, wenn sie blieben. Aber wie konnten sie? Ich erinnere mich an eine Dienstreise als Präsidiumsmitglied des Kirchentages der DDR in die Bundesrepublik. Ich traf damals Richard von Weizsäcker. Zwei Leute meiner Jugendgruppe saßen in dieser Zeit im Knast. Sie hatten Parolen an die Mauer gemalt. Ich half ihnen bei der Ausreise. Aber meinen eigenen Söhnen wollte ich nicht helfen. Ich sagte damals zu ihnen: Ich bin hier geblieben, da könnten sie es ja auch aushalten. Aber ich will ganz deutlich sagen, zwischen den Ausreisern und uns Oppositionellen gab es schon einen heftigen Konflikt. Die wurden plötzlich übermütig wie sonst was. Wir haben gesagt: „Hört mal zu, Leute, wir wollen hier noch länger sein, wir wollen noch länger unsere Kirchentage machen und unsere Jugendgottesdienste und können jetzt keine Demos auf der Straße gebrauchen, da wird alles verboten, dann ist das bisschen Offenheit, was wir schon haben, auch noch dahin." Sogar innerhalb derer, die die DDR ablehnten, gab es Differenzen. Man kann den Freiheitswillen bejahen und gleichzeitig aber möchte man nicht allein bleiben.

Ich war lange Jahre in einer Plattenbausiedlung in Rostock-Evershagen im Nordwesten, wo 100.000 Menschen im Beton wohnten, ohne kirchliche Tradition. Ich habe dort eine Gemeinde gegründet, wir hatten auch keine Kirche und kein Pfarrhaus, aber es ging voran. Ich habe dort später eine sehr lebendige Gemeinde mit viel Jugendarbeit gehabt. Im Nebenamt war ich Stadtjugendpfarrer und Leiter der Kirchentagsarbeit in Mecklenburg. Diese Funktionen haben dazu geführt, dass ich dauernd zu Menschenrechtsthemen und Gerechtigkeit gesprochen habe. Dazu kamen Themen wie der ökumenische Prozess, Frieden, Bewahrung der Schöpfung und Gerechtigkeit. Wir haben durchgesetzt, dass wir nicht nur über die Dritte Welt sprachen. Wir haben gesagt: „Leute, hier bei uns gilt es, etwas zu verändern." Sofort war die Staatssicherheit aktiv, die uns ja die ganze Zeit unaufhörlich beobachtet hat. Ich habe nicht so viele Akten wie berühmte Dissidenten, es sind vielleicht nur 1.000 Seiten, aber immerhin. Es hat mir gereicht. Ich war im Visier von einem Dutzend Mitarbeiter der Staatssicherheit. Meine Post wurde geöffnet. Meine Wohnung wurde abgehört. Die Staatsmacht wusste sehr genau, wen sie zu beobachten hatte. Dass ich dazugehörte, war kein Verdienst, es war selbstverständlich. Ich war verdächtig wie viele."

Joachim Gauck erschien der Stasi dennoch nicht als ein Aufwiegler. Er war eher ein Abwiegler, der große Konflikte scheute. Auch wenn er nicht zu den vielen Männern der evangelischen Kirche gehörte, die sich angepasst und mit

der SED ihren Frieden geschlossen hatten, so war er doch vorsichtig und misstraute lange Zeit den protestierenden Massen, die in Leipzig, Dresden, Berlin zu Hunderttausenden auf die Straßen gingen.
Gauck fürchtet damals noch um seine Arbeit in Evershagen, einer der großen Trabantenstädte in Rostock. Er war aus der beschaulichen Idylle auf dem Land mit seiner Familie in diese atheistische Großsiedlung gezogen, um den Menschen eine Alternative zu bieten. Es war eine mühsame Arbeit.
In der Plattenbausiedlung von Evershagen können sich ältere Gemeindemitglieder noch heute gut an Joachim Gauck und seine Arbeit erinnern.

Uta Rommel: Wir sind 1972 nach Evershagen gezogen, wie alle, die hierher kamen, glücklich über eine Neubauwohnung. Wir haben den Komfort sehr genossen. Es waren alles junge Familien mit Kindern.
Gerhard Rommel: Ich bin von Haus aus christlich geprägt und war von Haus aus lange in der Studentengemeinde. Zuvor wohnten wir im Zentrum, gehörten zur St.-Marien-Gemeinde und ich war dort im Gemeinderat. Wir haben dann zusammen mit Herrn Gauck versucht, hier eine Gemeinde aufzubauen. Er ging von Tür zu Tür und warb für die Kirche. Das sprach sich schnell herum und so wurden es mit der Zeit immer mehr, die sich uns anschlossen.
Uta Rommel: Für uns war er beeindruckend. Ein junger Pastor, menschlich sehr angenehm. Man hatte Vertrauen zu ihm, und man war ja damals in

der DDR noch wie gleichberechtigt. Er war nicht der hohe Pastor.

Dr. Rosemarie Albrecht, seit 1979 in Evershagen: Joachim Gauck war ein Pastor, der zuhören konnte. Er hatte ein großes Interesse an dem, was die Gemeindemitglieder bewegte, an ihren Nöten und an ihren Sorgen. Er reagierte darauf in Gesprächen, aber auch in seinen Predigten.

Er meinte, eine Predigt enthalte drei Bestandteile: Gottes Wort, die konkrete Situation der Menschen, die angeredet werden, und die Person, die spricht.

So hat er die Menschen in seinen Predigten erreicht, auch die Kinder und Jugendlichen. Er hatte eine starke Ausstrahlung. Seine Sprache war nicht abgehoben, sondern den Menschen sehr nahe, manchmal drastisch. Er hat nicht lange das Für und Wider eines jeden Wortes abgewägt und eckte deshalb schon manchmal an.

Die konkrete Situation der Menschen war ja nicht frei von der politischen Lage. Und so flossen in seine Predigten auch schon vor der Wende Bemerkungen zur Politik oder zur aktuellen Situation in der Gesellschaft der DDR ein.

In der Wendezeit im Herbst 89 wurde er dann zu einer wichtigen Person. Er bereitete mit einem Team die Andachten vor den Montagsdemonstrationen vor. Daran waren auch Mitglieder aus unserer Gemeinde beteiligt. Er hörte dabei ganz besonders auf das, was die Menschen in unserer Stadt empfanden. Er holte uns praktisch ab, wo wir waren. Wie weit waren wir mit unserem Mut? Er war einer derjenigen, die vorangingen, uns ermutigten und motivierten.

Erika Abraham: 1974 bin ich hier nach Evershagen gekommen und hab auch gleich Kontakt zur Gemeinde gesucht. Für mich war das sehr wichtig, dass ich meine Kinder christlich erziehe. Ich habe dann hier Herrn Gauck getroffen. Seine Gottesdienste waren nie langweilig. Seine besondere Gabe: Er hat seine Predigten nahezu frei gehalten. Ich hatte keine Mühe, meine Kinder mit in die Gottesdienste zu nehmen. Mein Junge war in der Jungen Gemeinde aktiv. Manche Eltern wollten ihre Kinder dort gar nicht gerne hinschicken, weil er zu politisch war. Ich hab das manchmal auch so gedacht und mich über meinen Sohn geärgert. Er war auf der Oberschule. Er sollte das Abitur machen, und er war mir durch die Verbindung zu Herrn Gauck zu provokativ. Er hat die Kinder politisch über wahre Demokratie aufgeklärt.

Sybrand Lohmann, bis 1989 mit Gauck Pastor in Rostock-Evershagen: Wir waren von der Prägung her sehr unterschiedlich. Mit der Zunahme des Freiheitswillens der Menschen veränderte sich auch die Intensität seiner Predigten. Joachim Gauck gehörte zu den wenigen, die in den letzten Jahren auch reisen konnten, nach Westdeutschland und Schweden. Er erzählte in der Jungen Gemeinde, wie man dort anders, freier leben konnte. Das Thema Kirche im Sozialismus wurde immer wieder diskutiert. Es kam vor allem darauf an, dass man Menschen, die sich

engagierten, nicht ins Messer laufen ließ. In meinen Augen ist er so eindeutig ein Bürgerrechtler.
Camilla Lohmann: Ich hab ihn immer als einen sehr gradlinigen Menschen empfunden, der mit seiner Meinung nicht hinter dem Berg hält. Für mich war das sehr wichtig. Auch bei uns zu Hause galt, dass man keine faulen Kompromisse schließt. Das haben wir gelebt und an unsere Kinder weitergegeben. Da war Herr Gauck für uns ein Vorbild. Als unser Sohn zur Musterung für die NVA gerufen wurde, habe ich ihn gefragt, und er hat mir bei der Formulierung einer Begründung für die Verweigerung sehr geholfen. Jetzt, schon in den vergangenen Jahren habe ich das Gefühl: Er hat wohl die Bodenhaftung verloren. Ich sehe, wie es vielen an der Basis unserer Gesellschaft geht. Die Menschen bewegen sich. Trotzdem: Selbst wenn sie Tag und Nacht arbeiten, kommen sie zu nichts. Ich vermisse bei ihm, dass da kein Aufschrei kommt: „Was läuft hier an sozialer Gerechtigkeit in diesem Staat?" Ich erwarte eigentlich, dass da was kommt. Freiheit ist für viele nichts, wenn sie gar keine Bewegungsmöglichkeit haben.
Dass er damals aus Evershagen weggegangen ist, habe ich verstanden. Ich glaubte, er ist der richtige Mann an der richtigen Stelle. Er ist sehr redegewandt. Er weiß, worum es geht, denn er war selbst von den Schikanen des DDR-Regimes schon in seinem Elternhaus betroffen.

Familie Dahnke, die seit 1990 in Hamburg lebt: Wir haben an allen Wohnorten, so auch hier in Evers-

hagen, am Gemeindeleben teilgenommen. Unsere Kinder kamen in die Christenlehre und in die Junge Gemeinde. Wir fanden sie dort gut aufgehoben – auch wenn wir unsere Bedenken hatten hinsichtlich der staatspolitischen Überwachung. Wir waren immer froh, wenn der Älteste von der Jungen Gemeinde zurückkam. Dort wurde häufig über aktuelle politische Themen gesprochen.
Das war damals, als unser ältester Sohn einen Aufsatz geschrieben hat. Das Thema: „Muss der Frieden bewaffnet sein". Unser Junge hat sich darin kritisch geäußert. Joachim Gauck hat ihn und uns in unserer Haltung sehr bestärkt. Die Folge des Aufsatzes waren schwerwiegende Auseinandersetzungen mit der Volksbildung. Am Ende haben wir einen Ausreiseantrag gestellt.

Der heutige Pastor in Evershagen, Matthias Wilpert, ist dem nächsten Bundespräsidenten nur kurz begegnet. Auf die Frage, ob Joachim Gauck dafür der Richtige sei, antwortet er nachdenklich:

Wenn ich die Äußerungen aus der vergangenen Zeit betrachte, auch wenn sie zum Teil aus dem Zusammenhang genommen worden sind, da habe ich dazu meine Fragen: Ich denke, dass er damals aus seiner eigenen Biografie, aus dem Erleben von Unrecht heraus durchaus offen dafür war, die Probleme der anderen mit aufzunehmen. Wie weit er heute so sein Ohr am Geschehen hat, das kann ich nicht beurteilen. Zumindest ist mir in der Hinsicht in den letzten Jahren nichts begegnet.

Ich habe es für richtig gehalten, wie er sich für das Parlament entschieden hat. Es sind ja viele gefragt worden. Ich habe mich damals gegen aktive politische Arbeit in einem Amt entschieden, denn es muss ja noch jemand in der Kirche bleiben.

WIDERSTÄNDE UND SOLIDARITÄT IN DER KIRCHE

Zu den Menschen, bei denen Joachim Gauck bis heute einen nachhaltigen Eindruck hinterlassen hat, gehört der ehemalige Rostocker Pfarrer Arvid Schnauer. Der Schweriner Schnauer, Jahrgang 1937, hatte in Rostock Theologie studiert und anschließend verschiedene Pfarreien in der Ostseestadt übernommen. Im Neubaugebiet Groß Klein arbeitete er Ende der achtziger Jahre in verschiedenen Projekten mit Joachim Gauck zusammen. Seine Erinnerungen an den Kollegen:

> Jochen (Joachim) Gauck kenne ich schon seit dem Studium an der Rostocker Theologischen Fakultät, an der er vier Semester unter mir studierte – ich habe 1960 Examen gemacht. Er war ein freundlicher, aufgeschlossener Kommilitone.
> Auch in seiner Zeit als Dorfpastor in Lüssow habe ich ihn besucht und die Verhältnisse kennengelernt, in denen seine Frau und er lebten; im mecklenburgischen Landesausschuss für die ehrenamtliche Kirchentagsarbeit haben wir zusammengearbeitet und mit den pommerschen Vertretern mehrere Kirchentage gemeinsam vorbereitet (1983: Vertrauen wagen, 1988: Brücken bauen).
> Schließlich war er als Evershäger Gemeindepastor mein Nachbar (wir arbeiteten in Groß Klein); in der gemeinsamen Arbeit als Gemeindepastoren haben wir manches zusammen auf den Weg zu bringen

versucht, besonders in der Rostocker Jugendarbeit. (Gauck war da auch einmal nebenamtlich Stadtjugendpastor.) Dass wir dabei in manchen Fragen unterschiedliche Auffassungen hatten, versteht sich von selbst; das hat unserer Verbundenheit aber keinen Abbruch getan. In Mecklenburg kannte man sich, wenn man irgendeine Aktivität oder ein Nebenamt betrieb, es gab Zusammenkünfte und Konferenzen. Außerdem ist zu beachten, dass unter den kirchlichen MitarbeiterInnen und PastorInnen viele Individualisten waren, die eben auch ihre Begabungen oder Interessengebiete entwickeln konnten. So habe ich Joachim Gauck als charmanten, engagierten Redner erlebt, der sich auf seine Zuhörer einstellen und sie mitnehmen konnte.

In der Zeit des Rostocker Herbstes und der friedlichen Revolution gab es leider zwischen allen „Aktivisten" weniger Kontakte als vorher, weil jeder nun seine spezielle Aufgabe intensiv wahrnahm und kein eigentliches Netzwerk bestand. Ich war nach dem 14. November durch die intensive Arbeit im Gerechtigkeitsausschuss kaum noch an der Vorbereitung der Friedensgebete beteiligt und konnte nicht mehr so eng mit dem Neuen Forum, dem Runden Tisch und anderen revolutionären Gruppen zusammenarbeiten. In dieser Zeit war in Gaucks Hausflur ein Briefkasten mit dem fiktiven Namen „Nathan Frank" angebracht, in den Interessenten ihre Meldung zur Mitarbeit im Neuen Forum stecken konnten. In seinem Amtszimmer wurden anfangs die Texte für die Donnerstags-Andachten von einer Vorbereitungsgruppe gesichtet und für alle Kirchen kopiert; Informationen, Predigt und Gebete waren nämlich für alle zuletzt sieben Kirchen gleich, damit alle Besucher überall das Gleiche hören konnten. Als Jochen Gauck die Predigten (ab 19.10.1989) verfasste und in der größten Rostocker Kirche, der Marienkirche, hielt, wurde seine charismatische Art zum Markenzeichen der Rostocker Andachten, die seine Bekanntheit steigerte.

Die Themen, die er bisher stark bearbeitet und weiterzugeben versucht hat, sind Demokratie und vor allem Freiheit. Er wollte, dass alle Menschen aufrecht zu leben lernten und sich als selbstständige Bürger in die Demokratie einbringen. Jetzt wird er sicher weitere Schwerpunkte wie Solidarität, Gerechtigkeit und internationale Friedensbemühungen aufnehmen müssen.

Dass wir uns freuen, dass ein Mitstreiter aus der friedlichen Revolution in Rostock jetzt für dieses Amt vorgeschlagen ist, ist klar; so werden die ostdeutschen Erfahrungen eines Widerstands ohne Gewalt in die gesamtdeutsche Politik eingebracht und nicht so schnell vergessen werden. Wir wünschen und hoffen, dass Joachim Gauck den Anstrengungen gewachsen ist und mit seinen Gaben dieses Amt ausfüllen kann, und dazu gute Berater in der neuen Situation findet.

Wenn man unter Bürgerrechtler diejenigen versteht,
- die den Anfang gemacht haben mit der öffentlichen Kritik an den ungerechten Zuständen der DDR und das Schweigen in Aktionen umgewandelt haben,
- die durch ihren Einsatz und Engagement die Verbesserung der Zustände öffentlich geübt und da-

durch Menschen auf den Weg zum Mitmachen gebracht haben,
– die sich unter großem eigenen Einsatz (und auch in gewisser Gefahr) dafür stark gemacht haben, dass die friedliche Revolution schließlich ohne Blutvergießen, allein durch die Macht der Kerzen und Gebete zum Zusammenbruch des Regimes geführt hat,
dann ist das gar keine Frage, dass Gauck mit vielen anderen in Rostock ein Bürgerrechtler war!
Am 5. Oktober begannen die Fürbitt-/Friedensgottesdienste durch den Umweltkreis der Studentengemeinde in Zusammenarbeit mit Pastor Lohse von der Petrigemeinde. Da wurden die gemeinsam oder auch von Einzelnen vorbereiteten Texte, Predigten und Fürbitten von einer Reihe anderer Gemeindeglieder und Pastoren gehalten. Sicher ist dann auch Joachim Gauck gefragt worden, und ab dem 19. Oktober hat er in der Marienkirche die Predigten zum größten Teil verfasst und gehalten.
Im Neuen Forum Rostock hat er mit vielen anderen zusammengearbeitet. Natürlich gab es in diesem einige prägende Figuren. Ich nenne ohne Anspruch auf Vollständigkeit Pastor Henry Lohse, Axel Peters, Pastor Christoph Kleemann, Dietlind Glüer, die Studenten oder Jugendlichen Änne Lange, Johann-Georg Jaeger, Kirsten Leefhelm, Johanna Falk, Thomas Heldt, Ralf Baumann, Stefan Döbler, Rainer Ohff, Harald Terpe; und in einer anderen Gruppe (später: Vereinigte Bürgerinitiative für einen neuen Sozialismus) Pastor Fred Mahlburg, Pastor Hartmut Dietrich, Pastorin Gudrun Günther, Pastor Dr. Jens

Langer, Sybille Bachmann, Pastor Jochen Schmachtel und Dr. Peter Koeppen und andere.
Als es nach der ersten freien Wahl um die Nominierung für die Volkskammer ging, wollte – soweit ich weiß – Dietlind Glüer (die „Mutter der Revolution", wie sie J. Gauck genannt hat) diese Möglichkeit nicht wahrnehmen. So wurde Joachim Gauck Mitglied der Volkskammer. Wenn einige daraus die Bezeichnung „Bürgerrechtler der letzten Stunde" abgeleitet haben, halte ich das für eine böswillige Verfälschung der Tatsachen. Mutig und entschieden war er jedenfalls, manchmal im Überschwang der Gefühle auch aggressiv.
Es ist richtig, dass es in unsren Kirchen und Gemeinden unterschiedliche Positionen in der Haltung zum Staat gab. Das hängt auch mit der viel diskutierten Frage zusammen, ob die Formel „Kirche im Sozialismus" (von Bischof Heinrich Rathke auf einer Bundessynode formuliert) eine nur äußerliche Ortsbestimmung war – wir leben als christliche Gemeinde in einer sozialistischen Umgebung, oder auch inhaltlich zu verstehen war. Landesbischof Dr. Heinrich Rathke hatte die Formel so ausgelegt, dass Kirche/Gemeinde offen sein und nach dem Motto leben müsse: „Kirche für andere". Ich denke, dass die Zahl der etwas vorsichtigeren Kollegen, die sich auch nicht so exponieren wollten wie die Gruppe um J. Gauck, größer war. Aber ich kenne nur wenige Pastoren, die in dieser Formel ein – wie Sie formulieren – „Zugeständnis zur Anpassung" gesehen haben. Die täglich erlebten Ungerechtigkeiten, der ideologische Druck und wie stark die Men-

schen, die uns anvertraut waren, darunter litten – das haben wir alle zähneknirschend mitgetragen oder auch offen angesprochen, wenn uns staatliche Vertreter begegneten.
Ich erinnere mich an einen Konvent, in dem es um Einladungen der sogenannten „christlichen Kreise“ an Amtsträger ging und unsere Haltung dazu. Ich berichtete und begründete, warum ich Einladungen zu diesen Veranstaltungen angenommen und daran teilgenommen hatte. Natürlich wusste ich auch, dass es hier um eine Vereinnahmung in der Öffentlichkeit ging, die sozialistischen Forderungen sollten der christlichen Bevölkerung „nahegebracht“ werden, ohne dass die Gespräche irgendwelche Veränderungen zur Folge hatten. Ich war von zwei Gemeindegliedern (besonders ging es da um CDU-Mitglieder) gebeten worden, doch zu kommen und ebenfalls teilzunehmen, damit sie nicht allein den Argumentationen der staatlichen Stellen ausgesetzt seien. Ich wollte also die Menschen aus unseren Gemeinden unterstützen. Joachim Gauck war ganz dagegen und konnte diese Haltung überhaupt nicht nachvollziehen. Er lehnte solche Gespräche strikt ab. Trotzdem – und das spricht für seine Toleranz – konnten wir uns auf die verschiedene Wege einigen und blieben in dem Ziel verbunden.
Beeindruckend war dann später auf einem Konvent der Pastoren Rostocks die spontan geäußerte Bereitschaft fast aller Rostocker Kollegen, Gauck durch die Unterstützung aller für sein Engagement sozusagen „freizustellen“.

Die ganze Institution Kirche wurde in der Zeit wohl nicht zum politischen Forum, aber durch die stetig wachsende Zahl der Kirchgemeinden, die die Andachten in ihren Kirchenräumen durchführten, und die ebenso wachsende Zahl der Menschen, die sie besuchten (ohne eine kirchliche Bindung zu haben), ergab sich ein Sog, der dann in die Demonstrationen einmündete. Die Kirche stellte also ihr Dach und ihre Vernetzungen zur Verfügung.
Nicht das „Zulassen“ der politischen Diskussionen, sondern das aktive Handeln in Predigt, Informationen und Gebeten und der Aufruf zu Demonstrationen und Engagement im Neuen Forum und anderen Gruppierungen machte die Bürgerbewegung aus. In der Rostocker Gesellschaft galt die Kirche als ein treibender Faktor der Umgestaltung, was nicht zuletzt dadurch sichtbar wurde, wie viele kirchliche MitarbeiterInnen und PastorInnen Funktionen in der Stadt übernahmen. Dass ein Pastor Oberbürgermeister und später Bürgerschaftspräsident wurde, Stadträte ohne Bereich den alten Kadern zur Seite gestellt wurden, der Runde Tisch vom Landessuperintendenten und Propst, der Gerechtigkeitsausschuss von einem Pastor geleitet wurde, in Kommissionen zur Aufarbeitung und dem unabhängigen Untersuchungsausschuss für die Unterlagen des Staatssicherheitsdienstes mehrere Kirchgemeinderatsmitglieder und Pastoren tätig waren, ist ein beredtes Zeugnis für die Einsatzbereitschaft der Christen. Sie hatten in ihren Gemeinden und Kreisen lange gelernt, fair zu diskutieren und Argumente auszutauschen; auch der konziliare Pro-

zess für Gerechtigkeit, Frieden und Bewahrung der Schöpfung hatte manche Intellektuelle befähigt, die ökologischen und sozialen Forderungen und vor allem den Begriff Gerechtigkeit in die sozialistische Gesellschaftsordnung einzubuchstabieren.
Ich kann mit der Sicht eines „erst späten" Auftretens von Joachim Gauck in die große Öffentlichkeit nichts anfangen; das klingt so, als ob er oder andere das „geplant" haben. Ich glaube das nicht. Ich sehe es als einen folgerichtigen Weg an, den er Schritt für Schritt gegangen ist. Der Eintritt in die Volkskammer, die Verantwortung für die Unterlagen der Staatssicherheit und dann seine politische Reisetätigkeit mit Vorträgen zur Geschichte der DDR, mit Preisverleihungen und jetzt der neuen großen Aufgabe in der Politik. Dazu befähigen ihn seine Begabungen als Redner, sein Wissen, seine Vergangenheit und seine Empathie.

Joachim Gauck hat von Evershagen aus genau die Entwicklung in der DDR verfolgt. Seine Beobachtungen sind ausführlich in unserem Fernsehinterview von 2007 dokumentiert.

Die Bedeutung der Kirche für die atheistische SED-Gesellschaft ist unbestritten. Wir waren eine Ersatzöffentlichkeit. Wir waren der Marktplatz, auf dem man eigentlich zusammenkommt, um über öffentliche Dinge zu sprechen. Das war gestattet. Wir waren der Freiraum. Und so waren praktisch die Kirchen, egal ob die Pastoren besonders oppositionell waren oder nicht, war ja nun nicht jeder ein

Eppelmann. Es war doch so, in den Kirchen und in den Gemeinden sammelten sich Leute aus den unterschiedlichsten Schichten. Alternative Linke, Punker, Schwule, Künstler und eben auch Christen. In Ostberlin hatte es eine Schwulenandacht gegeben, das fanden die meisten Christen nicht so toll. Die Kirche ist damals in vieler Hinsicht Stellvertreterin gewesen für etwas anderes, also einmal für diesen politischen Markt, dann für Gruppen die eigentlich ein kulturelles oder politisches Anliegen hatten, die aber sonst nicht vorkommen durften.
Das ist eigentlich eine große Zeit der evangelischen Kirche gewesen, man kann sich wirklich freuen, wenn man an die Nazizeit denkt, wie tief da die Spaltung war und wie groß die Anhängerschaft der Christen, die mit der Naziregierung gingen, gut, es war in anderen Bevölkerungsgruppen auch so, aber das war schon bitter. Und in der DDR-Zeit war das ein bisschen anders. Also ich weiß nicht, wie es hätte ohne die Kirchenleute gehen sollen. Natürlich gab es hier in Berlin eine kritische Masse unter den Intellektuellen, vielleicht noch in Dresden und Leipzig. Aber auch in diesen kritischen Künstler- und Intellektuellengruppen waren viele kirchlich geprägt. In den anderen Städten wär' doch ohne die Christen gar nichts gewesen, das wär' wie Kuba so eine Diktatur, aber keiner hat die Kraft aufzustehen. Das war doch wichtig, dass wir dem Norden Elemente der Ermutigung gebracht haben. Erst mal haben wir versucht zu analysieren, wir sind ohnmächtig. Václav Havels Wort „Die Macht der Mächtigen kommt von der Ohnmacht der Ohnmächti-

gen“ musste erst mal in unsere Köpfe, das es nicht eine alternative Gesellschaftsform ist, sondern es ist Ohnmacht, Punktum. Es ist Diktatur. Also, wir mussten praktisch ein altes Wissen, das wir aus unserer Jugendzeit in uns trugen, neu entdecken. Damals waren wir noch antikommunistisch. Dann kam ja die Zwischenzeit, da wurden wir mehr links und haben gesagt: „Ja, Sozialismus mit Demokratie.“ Wir mussten von der romantischen Verklärung der Zustände weg zur nackten politischen Analyse oben und unten, wer, wem. Hier ist die Ohnmacht, hier ist das Volk, und da sind die Mächtigen, die sich vom Volk ihre Macht nicht nehmen lassen, und das muss so benannt werden, nicht mehr mit diesem romantischen Schnulz der Altlebenden. Insofern war das dann so eine sehr dynamische Bewegung, als wir erst unsere Ohnmacht begriffen haben, da hatten wir auch Lust, unsere Ohnmacht zu verändern, das haben wir an den wunderbaren Polen gesehen, dass man nicht nur seine Feigheit huldigen muss, sondern dass man es wagen kann, ein Bürger zu sein.

EINE PREDIGT ZUR ERMUNTERUNG

Predigt 14. Dezember 1989
(Dr. Rosemarie Albrecht, Joachim Gauck, Gesine Liebau)

Joachim Gauck
Liebe Gottesdienstbesucher!
Diese Tage sind jetzt auch Tage des Gesprächs. Oft sind es Streitgespräche, oft nur Gesprächsversuche. Manchmal sind auch die inneren Gespräche der Menschen ein ganz wichtiger Vorgang. Er muss stattfinden, bevor der Dialog mit anderen beginnt.
Der Bibelabschnitt, den wir heute lesen, ist geschrieben wie ein Lied, aber man spürt noch, dass vor dem Lied das innere Gespräch der Seele stattfindet. Das Loblied der Maria, sie singt es, als sie weiß, dass sie ein Kind bekommen wird, das später Jesus heißen wird und von dem Besonderes ausgehen wird.

[Verlesung Lucas 1,46–55]

Wie passt dies Lied in unsere Tage? Bringt es etwas in uns zum Klingen? Wo sind wir eigentlich jetzt, wie geht es uns?

Gesine, 23 Jahre
Du fragst, wie's mir geht. Endlich fragt mich mal einer, wie geht es mir in dieser Zeit? Ich habe Angst,

Angst vor der Unruhe in der Bevölkerung, jeder fühlt sich bedroht. Aber wer bedroht wirklich wen? Ich bin unsicher, und dann frage ich mich auch, wie wirken sich die erreichten Veränderungen auf mein persönliches Leben aus? Bis jetzt hat sich für mich noch nichts verändert. Ich weiß nicht, wie meine Zukunft aussieht. Ich weiß nicht, ob es möglich sein wird, entgegen dem Willen meines Betriebes die Abendschule zu machen, und ob ich überhaupt noch Lust dazu habe? Und ob ich dann noch einen Studienplatz bekomme, steht eben auch noch in den Sternen. Wann bekomme ich eine Wohnung und damit ein Recht auf mein eigenes Leben? Darf ich heute auch mal in die Heime fahren, in denen mein FDGB-Beitrag steckt? Ist es der Dank oder die Strafe fürs Hierbleiben? Manchmal denke ich auch: Im Westen geht vielleicht ohne mich die Post ab. Meine Freunde haben sich innerhalb kurzer Zeit eine Existenz aufgebaut, die ich hier vielleicht noch lange nicht erreicht habe. Ich hab nicht mal 'n Trabi, meine Freundin kommt nach einem Jahr mit dickem Auto vorgefahren. Verpass ich hier den Anschluss an Gleichaltrige von der anderen Seite? Bin ich der doofe Rest? Aber eigentlich will ich doch gar nicht weg. Ich will hier um mein Recht kämpfen. Ich will, dass es mit hier besser geht.
Aber die Zeit rennt weg, zwar kann ich jetzt eigentlich offen sagen, wie es mir geht, ohne dass ein netter Spruch in die Kaderakte kommt, aber haben wir uns nicht genug heiß gemacht, wann passiert mehr?

Rosemarie, 50 Jahre
Ich empfinde etwas anderes: Bei aller Sorge empfinde ich immer wieder und auch jetzt Hoffnung und Freude. Es ist ein Mut und eine Kraft in den Menschen, die für die Erneuerung auf die Straße gehen. Das ist einfach ansteckend.
Die Demonstrationen sind fröhliche Feste der Befreiung. Besonders berührt haben mich alte und ganz alte Menschen, die im Demonstrationszug laut mitsangen und auch laut etwas rufen mussten.
Wir gehen mit Kerzen in den Händen, mit offenen Händen, ganz ungeschützt. Durch Klatschen versichern wir uns, dass wir viele sind, dass wir da sind, Die Kerzen sind Zeichen unserer Hoffnung. Mit dieser Hoffnung und mit dieser Freude sind wir auf die Straße gegangen, als noch vieles ungewiss war.
Inzwischen haben wir viel erreicht: Dass eine Festung wie die ehemalige Staatssicherheit durch einfache, wehrlose Menschen besetzt wurde, die keinen Einfluss hatten, die nichts in den Händen hatten als brennende Kerzen. Das ist für mich immer noch unglaublich, obwohl es wahr ist.

Joachim Gauck
Vor wenigen Tagen war ich dabei, als eine Gruppe mit dem Oberbürgermeister, mit Staatsanwälten und wichtigen Personen im Regierungsauftrag die Gebäude der ehemaligen Staatssicherheit besichtigte.
Dort begegneten mir und den Vertretern der Bürgerbewegung Achtung und Aufmerksamkeit. Das habe ich ganz stark als Achtung und Ehre für unser gan-

zes Volk empfunden, dessen Meinung so lange nicht gefragt war. Wir alle sind jetzt wichtig geworden!
Dass jemand wichtig werden kann, der sonst im Schatten stand – wir erinnern uns jetzt an den Bibelabschnitt, den wir vorhin hörten.
Wir denken daran, dass Maria, bevor sie zu ihrer Bedeutung kam, eine ganz einfache und arme Frau war. Sie hatte keine besondere Bildung und keinerlei Einfluss. Ihre Lebensumstände waren eher problematisch.
Die Bibel sagt uns: Gott handelt an und mit „ganz normalen" Menschen. Sie haben schlichte Namen: Maria und Josef (oder ...) und können doch von großer Wichtigkeit sein.
Sie werden angeschaut, beauftragt und werden auch befähigt zu Neuem.
Oft kommt die eigene Seele gar nicht so schnell nach, begreift man erst später, was los ist (Maria sollte es später auch so ergehen!).
Aber dann ist da eine Hoffnung in ihrem Lied, die weit größer ist, als dass Maria sie allein hätte entwickeln können:

Es wird sich ändern.
Großes wird klein.
Elend hört auf.
Gerechtigkeit kommt.

Woher weiß Maria dies alles? Ist sie nicht noch in Finsternis und Schatten? Wir kennen doch die Weihnachtsgeschichte: Wie vergeblich ist ihre Suche nach einem Dach, das sie birgt, nach Menschen, die sie anschauen und annehmen könnten.

Aber im Suchen und Sehnen und auch im Leiden ist dann wohl dieses große Vertrauen gewachsen, die Grundlage des Liedes Maria.
Ihre Wahrheit soll unsere sein: Gott will Gerechtigkeit. Er will sie konkret und erfahrbar, irdisch und lebendig!!
Er will ankommen („Advent"), irdisch und lebendig auch in unserer Mitte. Jesus = Gott unter den Menschen ein Mensch.
Ob ich etwas von solcher Gegenwart Gottes spüren kann, ist nicht sicher. Maria wie Jesus selbst waren oft weder geliebt noch geachtet. Liebende Menschen, suchende Menschen jetzt sind oft verzweifelte und entmutigte Menschen.
Die Spuren von Gerechtigkeit und Neuanfang sind manchem kaum erkennbar. Auch in dieser Predigt spüren wir zwei Wirklichkeiten. Eine lautet: Wir haben es nicht, das Neue, wir sind im Schatten. Die andere: Ich gewinne Selbstachtung und Vertrauen, ich spüre Neues, wenn meine Mitarbeit und Mitverantwortung gewollt ist; ich werde wertvoller. Und ... beides ist wahr!

Und dies bleibt, ob wir nun eher glücklich oder eher sorgenvoll sind in diesem Advent: Einfache Menschen werden Stätten SEINER Gegenwart. Er lehrt sie Lieben und Hoffen und das dürfen wir glauben: Wir bleiben wichtig.
Amen.

ERST „WIR SIND DAS VOLK!“, DANN „WIR SIND EIN VOLK!“

Ende 1989: Von dort aus, dem Rande Rostocks registriert Joachim Gauck die großen Veränderungen in Berlin. Er ist fasziniert - wartet aber ab. Und dann ist er mittendrin. 2007 schildert er in einem Fernsehinterview, wie er die Veränderungen damals empfunden hat und wie sie sich ihm eingeprägt haben.

> Das Wunderbare ist, dass irgendwann eben, angeregt durch diese tollen Sachsen, die Leute auf die Straßen kamen. Das ist ja fast etwas Geheimnisvolles, das nicht aus dem Kopf eines gebildeten Menschen, sondern aus der Mitte der Bevölkerung ein unglaublich wirkmächtiger Satz entsteht, nämlich: „Wir sind das Volk.“ Das ist ein unglaublich bedeutungsvoller Satz, der aus der Mitte der Bevölkerung plötzlich da ist und der deshalb so wirkmächtig wird. Weil er mitten hineingeht in die SED. Die Genossen selber können nicht mehr, sie sind außer Stande, da etwas entgegenzuhalten. Die wollen ja auch das Volk sein, wir sind doch die Volksmacht. Ja, aber dieses Volk sagt: „Ihr? Ihr seid die da oben. Wir sind das Volk, und ihr müsst weg.“ Da kommt es zu einer tiefen Verunsicherung, der ohnehin schon verunsicherten Partei, und jetzt wird also die Widerstandsfähigkeit des Systems minimiert. Natürlich ist dann Gorbatschow inzwischen da gewesen, der kommt dann am 7. Oktober, als die bösen Greise ihr Jubelfest feiern,

und grummelt irgendetwas Geheimnisvolles, was hauptsächlich auf die Kappe des Übersetzers geht, denn es war nicht so ganz klar, was er uns da mitteilen wollte. Das war auch interessant, die Leute schrien, immer wenn er auftauchte: „Gorbi, hilf!“ Der Sklave, der Ohnmächtige kann sich nicht vorstellen, dass er sich selber helfen kann, und der Satz „Wir sind das Volk“ ermächtigt eben den Einzelnen, nicht mehr auf die Hilfe von da oben zu warten, vom lieben Gott aus Moskau, sondern selber auf die Straße zu gehen und selber zu sagen: „Hallo, hier bin ich, ich bin ein Bürger.“ Als dies ohne Blutvergießen gelaufen war, da verschwindet die Erinnerung an unserer vielen Niederlagen in der Geschichte – 13. August; 17. Juni; 68 –, und plötzlich geht dieses Aufatmen durch die Bevölkerung, da ist der Bürger wiedergeboren und ermächtigt sich. Für mich ist seitdem der Begriff der Ermächtigung der wichtigste politische Begriff überhaupt, und ich bin sehr wütend auf meine Landsleute in Ost und West, dass sie diesem Satz „Wir sind das Volk“ nicht den Raum einräumen, der ihm in der öffentlichen Debatte gebührt. Lebten wir in Frankreich oder Polen, ich bin sicher, in jedem Klassenzimmer stünde dieser Satz auf den Nationalfarben. Aber wir denken ja klein von uns leider, und die Ossis denken eigentlich weniger, wie sie sich ermächtigt haben, sondern machen ihren nostalgischen Quatsch gerade, kann ich auch verstehen, denn Nostalgie tut nicht weh, Aufarbeitung tut weh. Das geht in Dimensionen, wo dann Trauer aufgerufen wird oder Schmerz, fremdbestimmt gewesen zu sein oder auch Böses getan zu haben. Nostalgie ist Zuckerguss und tut nicht weh, als dort hinzugehen, wo wir wirklich etwas zu bieten haben, nämlich im Grunde dieser Nation der Anpasser und Gehorsamen. Nein, wir lernten, Bürger zu sein, das ist doch ein wunderbares Geschehen.

Frage: Nun gab es die unterschiedlichsten Konzeptionen. Die einen haben gedacht, wir machen doch erst mal hier unseren eigenen Laden und wollen das hier aufbauen und gleichberechtigte Partner sein. Sie wollten einen dritten Weg und blieben damit erfolglos. Ist das zu schnell gegangen, war das falsch oder war das folgerichtig?

Das war folgerichtig, aber wir konnten es noch nicht richtig fühlen. Also es war auch interessant, wie die Demokratiebewegung die Menschen jetzt sortierte, ich beschreibe Ihnen das mal aus Rostock. Es gab dort diesen berühmten Aufruf „Für unser Land", ich kann jetzt nicht mehr genau sagen, wann das war, wo also Christa Wolf und Egon Krenz (Krenz hatte den Aufruf nicht mitverfasst, sondern später unterzeichnet, d. Verf.) und Friedrich Schorlemmer und andere nun geschrieben haben, was wir für unser Land tun wollen. Sogar unter meinen Kirchenfreunden in Rostock hatten da welche unterschrieben.
Da hab ich gesagt: „Leute, was unterschreibt ihr da? Wir wissen nicht, wohin der Weg geht." Und ich will Ihnen sagen, wie das kam, dass ich zu dieser Unsicherheit kam. Viele im Neuen Forum lebten ja von diesen Dingen, die hauptsächlich in Berlin gedacht

wurden, es war die Idee vom dritten Weg. Teile der Bürgerbewegung in Berlin waren stark verbunden mit Alternativen und den Grünen aus dem Westen. Wir auf dem Land hatten da weniger Kontakte. Hier gab es mehr ein sozialdemokratisches Denken oder christdemokratisches Denken. Die Intellektuellen waren mehr alternativ eingefärbt. Mit Nationen hatten die sowieso nichts am Hut. Interessant war nun, wie kommt es dazu, dass Menschen die Einheit als realistisches Programm vor sich sehen.
Herbst 89, Basisversammlung in Rostock. Die Werftarbeiter: „Jochen, was wird denn mit der Werft, wer kriegt die Werft, wenn die Kommunisten nicht mehr herrschen?“ – „Ich weiß es auch nicht, ich bin kein Ökonom, vielleicht kriegt jeder einen Anteil.“ – „Ja aber wir müssen doch etwas machen?“ – „Ja“, sag ich, „wir müssen irgendwas machen ... ich könnte Bärbel Bohley anrufen, na ja, Bohley ist Malerin, die weiß das auch nicht. Aber es gibt in Berlin eine Arbeitsgruppe ‚Ökonomie des neuen Forums‘.“ Wieder eine Woche später haben wir dann Kontakt zu denen und sagen: „Was sagt ihr denn, wie ist denn das ökonomische Modell, das wir präferieren?“ – „Ja“, sagen die, „nach unseren Forschungen und Arbeiten können wir am ehesten die soziale Marktwirtschaft empfehlen.“ – „Ja“, sage ich, „das kommt mir bekannt vor. Danke für die Auskunft.“
Ich also hin, ich sag: „Unsere Fachleute empfehlen die soziale Marktwirtschaft.“ Und da sagen die Arbeiter: „Ach so, ja, das ist ja wie im Westen.“ – „Ja, das ist wie im Westen“, sag ich. „Dann können wir ja auch für die Einheit sein.“ Das können wir of-

fensichtlich. Die politischen Ziele, die wir hatten – Demokratie, Freiheit –, all das gab es ja im Westen. Wenn wir kein alternatives ökonomisches Konzept besaßen, warum sollten wir uns dann nicht mit denen vereinigen? Und so ist dann aus dieser Unsicherheit heraus, aus der Frage „Wie geht denn nun Demokratie im Sozialismus?" – weil Christa Wolf und Stefan Heym und diese Typen in Berlin fanden das natürlich toll: „Stellt euch vor, Sozialismus und keiner läuft weg!" – der Aufruf „Für unser Land" entstanden.

Aber die Sachsen und die Mecklenburger haben gesagt: „Ihr habt sie wohl an der Waffel? Das könnt ihr im Saarland machen oder in Ostfriesland ausprobieren, aber doch bitte nicht bei uns!"

So kommt im Grunde genommen, einfach weil keine Alternative für die wirklich auf dem Tisch liegenden Fragen angeboten wird von den Dritte-Weg-Leuten, darum so schnell die Option deutsche Einheit ins Gespräch. Das hat dann oft bittere Folgen gehabt. Ich hab dann auch wie früher in Rostock basisgruppenmäßig durchgesetzt, wir sind für die deutsche Einheit. Hab das dann später auch republikweit weiter fortgesetzt. Dann fingen aber zwei meiner Freunde an, von der Kanzel zu predigen, wir sind jetzt sozusagen Verräter. In der Heiligen Schrift steht: „Geht ein durch die enge Pforte!" Wir sprechen jetzt aber schon so, wie die Masse spricht. Dann konntest du die Leute fragen hören: „Okay, dann sag doch mal dein ökonomisches Konzept für den dritten Weg." Ich sage: „Das wissen sie nicht. Sie sind ja keine Ökonomen." Sie wollten also wie viele unserer In-

tellektuellen, hauptsächlich in Berlin, es noch mal versuchen. Aber sie hatten keine Ahnung, wie.
Das war auch eine bittere Lehre, dass von manchen Intellektuellen nichts und aber nichts kam. Darum war dieser schnelle Weg der Massen zur deutschen Einheit folgerichtig. Es waren wache Leute, es war rational.
Wir konnten uns das zunächst nicht vorstellen, selbst Kohl konnte es sich nicht vorstellen, denn sein 10-Punkte-Programm sah keine baldige Einheit vor. „Kommt die D-Mark, bleiben wir. Kommt sie nicht, geh'n wir zu ihr", so hieß es 1990. Ich war inzwischen Abgeordneter für Bündnis 90 in der Volkskammer, und ich hätte uns mal sehen wollen, wenn unser Volk dann in den Westen gegangen wäre, und ich hätte die da drüben sehen wollen, wenn die ganzen Sachsen nicht nur zu Besuch kommen wären, sondern gleich dageblieben wären. Das ging doch alles nicht, und deshalb war das mit der schnellen Einheit logisch.
Frage: Aber ging dann nicht doch alles zu schnell? Es heißt, „die Wessis" hätten „die Ossis" über den Tisch gezogen und geschluckt. Die Westparteien hätten die politischen Foren in der DDR an den Rand gedrängt.
Das muss man nüchtern sehen, und es ist ein Unterschied, ob man eine politische Analyse macht oder ob man über Lebensgefühle spricht. Es ist ganz eindeutig, dass die schnelle Einheit uns psychisch überfordert hat. Das ist ganz klar. Es gibt massiv das Gefühl der Fremdheit, bis weit hinein in die früher oppositionelle Bevölkerung fühlen sich die Ostdeut-

schen nicht richtig zu Hause. Sie fühlen sich dominiert, obwohl sie das Tempo in die Bewegung der deutschen Einheit gebracht haben. Obwohl es nicht gegen die Ostdeutschen ging, haben sie das Gefühl, sie sind zu weit gesprungen. Dann müssen natürlich andere schuld sein, das ist für jemanden, der sich über psychische Phänomene Gedanken macht, klar. Wenn etwas misslingt, sucht man erst mal beim anderen die Schuld. Zumal wenn sie einen großen Bruder haben. Die Großen sind immer Schuld, und dann schaust du, und du selber bist so klein wie Lothar de Maizière und neben dir steht einer, der ist so groß wie Helmut Kohl, ein Gebirge aus der Pfalz, der hat auch noch das Geld und sagt, wo es langgeht, also hat der Schuld.
Wissen Sie? Es könnte noch zehnmal besser sein, und trotzdem würde es diese Ressentiments geben. Einfach weil wir in unseren Seelen eine nicht gelebte Trauer haben für sehr viele umsonst gelebte Jahre, in denen wir vielleicht unser Leben auch mit Sinn erfüllt haben. Wir haben gearbeitet, wir waren vielleicht Arzt oder Wissenschaftler, oder wir Oppositionelle haben vielleicht sogar dagegengehalten. Aber letztlich ist es Zeit, die man uns gestohlen hat. Zeit, in der man uns mit all unserem Wissen gehalten hat wie einen Untertanen. In der wir nicht wählen durften, in der wir unsere Bürgerrechte nicht hatten. In dieser Zeit sind wir auf Du und Du mit der Ohnmacht gekommen. Das alles steckt in uns drinnen, ohne dass wir es jeweils benennen können, und erzeugt das Gefühl einer Fremdheit gegenüber den großen fröhlichen Horden im Westen, die es

besser gehabt haben und da nicht dienern mussten und die einfach früher schon ihren Porsche hatten und ein Häuschen. Oder ihre Reisen und was weiß ich, und dann kommen die ganzen menschlichen Dinge wie Neid oder eben einfach Fremdheit.
Dass wir sagen können, was politisch sinnvoll ist oder auch wichtig ist, kann für die Psyche trotzdem ein Problem sein. Wir erblicken eigentlich ein Paradox, nämlich die enorme Beschleunigung zur deutschen Einheit, zu einer lebbaren Form von Demokratie. Doch wegen des Fehlens der Zwischenschritte, ich gewöhne mich langsam an die Demokratie, bin ich verantwortlich dafür, dass alles fehlt. Deshalb empfinden manche Menschen das als Kolonisierung. Ein völlig widersinniger Begriff. Der entspricht überhaupt nicht den Tatsachen, und trotzdem ist es von der Psyche der Menschen her verständlich.

Interviews haben den Vorzug, dass sie in ihren spontanen Aussagen oft unbeabsichtigte Botschaften verbergen. Joachim Gauck hat sich in Gesprächen erhoben und selbst erhoben. Er macht sich zum Kumpel der Rostocker Werftarbeiter, die ihn Jochen nennen. Es sind „seine Jungs". Später ist er fort. Er kann sich nicht mehr kümmern, aus gutem Grund: Er ist nun Chef der Stasi-Unterlagen-Behörde. Es gibt keine Begegnungen mehr auf der Werft. Vor allem aber gibt es keine Stellungnahmen dazu, wie die Abwicklung gelaufen ist. Nichts dazu, wie die Betriebe in Mecklenburg-Vorpommern verschachert, anschließend von Investoren zerschlagen und wie Zehntausende auf die Straße gesetzt wurden, dass vielerorts nicht Wohlstand, sondern Armut kam. Freiheit in Verantwortung – aber wie?

GAUCK UND DIE DDR-OPPOSITION

Joachim Gauck hat die Geschichte vom Ende der DDR und vom Umbruch im Herbst 1989 immer wieder auf die ihm eigene Art klar verständlich und auch simpel erklärt. Dabei ist er im Urteil gegenüber anderen zuweilen grob rücksichtslos. Egal ob die Linken aus dem Westen oder die Grünen, aber auch Schriftsteller wie Stefan Heym werden von ihm abgekanzelt. Und Intellektuelle, die offenbar blind für die Realitäten waren, erscheinen ihm heute als weltfremd. Der Pastor aus der DDR, der lange für eine Kirche im Sozialismus eingetreten war, hatte die Zeichen der Zeit erkannt und sich danach verhalten.

Joachim Gauck hatte ab Oktober 1989, wie später nach der Einheit, das „große Ganze" im Blick. Er ist mit dem Wechsel nach Berlin auch in der großen Politik angekommen.

Dabei ist ein heftiger Streit darüber entstanden, ob sich Joachim Gauck einen Bürgerrechtler nennen sollte. Es heißt, er habe sich diesen Titel zu Unrecht zugelegt und für sein Engagement Lob eingefordert, das ihm nicht zugestanden habe.

Gerhard Rein, Journalist in Religionsfragen für den Bayerischen Rundfunk, hat Joachim Gauck 1988 kennengelernt. Bereits 2010 hat er sich mit Bezug auf die Verleihung des Ludwig-Börne-Preises 2011 in Briefen an den damaligen Kandidaten für das Amt des Bundespräsidenten und an den Preisrichter, den Publizisten und früheren Staatsminister für Kultur, Dr. Michael Naumann, gewandt:

Lieber Joachim Gauck,

als Ihnen im November letzten Jahres in München der Geschwister-Scholl-Preis verliehen wurde und Ihr Laudator Peter Schneider Sie als Widerstandskämpfer in der DDR und also in die Nähe des gefährlichen Widerstands der Geschwister Scholl rückte, da war ich doch ziemlich erschrocken und fragte mich, ob wir unsere wirklichen Helden mit solchen Vergleichen nicht bedrohlich verramschen. Als ich dann zwei Monate später hörte, Ihnen würde nun auch noch der Börne-Preis verliehen, habe ich Michael Naumann einen Brief geschrieben:

„Sehr geehrter Herr Dr. Naumann,

Sie haben bestimmt, dass Joachim Gauck den Börne-Preis 2011 erhält. Nun wird Herr Gauck seit Jahren und Monaten mit Preisen ausgezeichnet. Sie bewegen sich mit Ihrer Wahl auf einer sehr breiten, ausgefahrenen Bahn.

Was meine Kritik herausfordert ist allein die Begründung für Ihre Entscheidung. Sie schreiben: ‚Gauck repräsentiere den freiheitlichen Geist all jener in der ehemaligen DDR, die dem repressiven Staat durch politisches Engagement ein Ende bereiteten'.

Nun, zur politischen Opposition in der DDR hat Gauck nicht gezählt. In den systemkritischen Friedens- und Umweltgruppen im Umfeld der Evangelischen Kirchen trat er nicht in Erscheinung. Im Netzwerk der Oppositionsgruppen war er nicht vertreten. An der ökumenischen Versammlung, die 1988 und 1989 die wichtigsten Freiheitstexte gegen die SED

und ihre Politik veröffentlichte, hat Gauck nicht teilgenommen.
Es gibt keinen Text von Joachim Gauck, der in der DDR von Hand zu Hand gereicht wurde. In den Publikationen, die in der DDR von kritischen Gruppen illegal herausgegeben wurden, taucht der Name Gauck als Verfasser nicht auf.
Joachim Gauck hat sich im Oktober 1989 in Rostock dem ‚Neuen Forum' angeschlossen. Vorher ist ein politisches Engagement gegen den repressiven Staat nicht auszumachen. Im Kontext der Oppositions-Geschichte der DDR ist Joachim Gauck ein Bürgerrechtler der letzten Stunde. Ihn als Repräsentanten all jener auszuzeichnen, die den freiheitlichen Geist gegen das System aufrecht gehalten haben, ist eine grobe Überzeichnung seines Lebensweges.
Gaucks Talente und Verdienste haben sich nach der deutschen Einheit auf ziemlich eindrucksvolle Weise gezeigt. Vorher, zu Zeiten der DDR, war davon nichts zu hören und zu ahnen.
Nehmen Sie herzliche Grüße von
Ihrem G. R.

Ehrhart Neubert gehört zu den wichtigsten Weggefährten Joachim Gaucks nach 1989. Als Sympathisant der bürgerrechtlichen Forderungen Robert Havemanns, seit 1979 Mitarbeiter in verschiedenen Friedenskreisen, Mitbegründer des Demokratischen Aufbruchs, später von Bündnis 90/Die Grünen setzte er sich für die Rechte von MfS-Verfolgten ein. Er verfasste mit Joachim Gauck den deutschen Beitrag in der 1997 erschienenen deutschsprachigen Ausgabe des Schwarzbuchs des Kommunismus. Heute zeichnet er von Gauck ein differenziertes Bild.

Joachim Gauck bewegte sich nicht in den oppositionellen Gruppen der 1980er Jahre. Ich kannte ihn nicht, sah ihn einmal von weitem im Zusammenhang mit einem Kirchentag. Im revolutionären Herbst 1989 war dann auch in Berlin von ihm die Rede. Er hatte sich im Rostocker „Neuen Forum" eingebracht und dort bald eine führende Rolle übernommen. Außergewöhnlich war dies nicht. Er war einer von den vielen fleißigen und für ihre Gemeinden engagierten Pastoren, die bis in den Herbst 1989 ihre Distanz zum SED-Regime gelebt hatten, aber eine öffentliche Konfrontation mit der Staatsmacht so gut es ging vermieden. Diese kirchenpolitisch abwägende Haltung ließen zahlreiche Pfarrer hinter sich, als die Menschen in die Friedensgebete und auf die Straße drängten. Die seelsorgerlichen und diakonischen Aufgaben wurden zur politischen Herausforderung. Und Gauck hat dieses neue Arbeitsfeld ausgefüllt. Er fiel als charismatischer Redner und kluger Verhandlungsführer auf. Und er brachte etwas mit, was anderen, gerade langjährigen Oppositionellen, weithin fehlte, etwas, was ihn in einer Nuance von vielen anderen protestantischen Akteuren unterschied.
Die meisten protestantischen Oppositionellen der 1980er Jahre hatten ihre Bewegungen unter den Begriffen Frieden, Gerechtigkeit und Bewahrung der Schöpfung inhaltlich bestimmt. Diese waren getreu protestantischer Tradition sozialethisch sowie uni-

versalistisch aufgeladen und zielten auf die Kritik aller irdischen Zustände, der Zustände im realen Sozialismus wie auch im Kapitalismus des Westens. Die oppositionelle Energie entsprang der religiösen Dramatisierung der als Krise oder gar als Überlebenskrise verstandenen politischen und gesellschaftlichen Lage. Oppositionelle fühlten sich berufen, Umkehr und Buße zu verlangen, und sie wollten am großen Schalom mitarbeiten, um die aus den Fugen geratene Welt wieder zu heilen. So aufgestellt ermangelte es den Oppositionellen weithin an einer politischen Programmatik. Aber sie hatten einen anderen Vorteil. Entrückt von kleinteiligen politischen oder ökonomischen Wünschen lieferte der hohe Auftrag an der Erfüllung der Visionen zwingende Motive politischen Handelns. Den daraus erwachsenen Mut hat Gauck stets gewürdigt. Die damit verbundene Wirklichkeitsferne ist nicht seine Sache.
Gauck schrieb später, dass auch er selbst in diesem sozialethischen Zirkeln gedachte hatte. Aber spätestens in den Wochen der Revolution muss er zu einem neuen Pragmatismus gefunden haben, der ihn zunehmend von allzu ausschweifenden und der Realität entfremdeten Träumen befreite. So gehörte er im Neuen Forum zu denen, die die endlosen inneren ideologischen Streitereien ablehnten. Als dort um authentische linke Positionen gerungen wurde, die Vorstellungen von einer nicht sozialistischen Wirtschaftsweise oder einer möglichen Einheit Deutschlands als „rechts" disqualifizierten, soll Gauck erklärt haben: „Wir sind nicht links, nicht rechts. Wir sind geradeaus!"

Bei meiner ersten politischen Begegnung mit Jochen Gauck habe ich ihn als ideologisch immun erlebt. Als im Spätherbst 1989 sich auch der bislang verborgene Rechtsextremismus öffentlich artikulierte, versuchte die angeschlagene SED-PDS daraus Kapital zu schlagen. Wieder einmal spannte sie die Antifaschismusfalle auf. Am 28. Dezember 1989 wurde das Treptower Ehrenmal für die gefallenen sowjetischen Soldaten mit nationalistischen und antisowjetischen Parolen beschmiert. Umgehend versuchte die SED-PDS angesichts dieser beunruhigenden Vorfälle eine antifaschistische Front zusammenzuschmieden. Auch zeige diese Gefahr, dass die DDR das gerade ins Wanken gekommene MfS noch brauche. Just am Abend dieses Tages fand das sogenannte „Donnerstagsgespräch" statt, die erste Live-Talkrunde im DDR-Fernsehen. Und zum ersten Mal traten mehrere Oppositionelle als Vertreter ihrer Organisationen auf. Unmittelbar vor der Sendung zeigte man uns die Bilder aus Treptow. Wir waren sehr aufgeregt. Die Moderatoren der Sendung versuchten nun, die Gesprächspartner auf die antifaschistischen Gemeinsamkeiten mit der SED-PDS festzulegen. Die Bevölkerung hätte Angst und verlange eine antifaschistische Positionierung der Opposition. Joachim Gauck durchschlug den Knoten und unsere Unsicherheiten. Er erklärte entschieden, dass die DDR-Bevölkerung das MfS mehr fürchte als die wenigen Rechtsradikalen. Das MfS müsse jetzt sofort endgültig verschwinden.

Der Widerwille gegen alles Ideologische gehört zum geistigen Korsett Gaucks. Und das ist natürlich auch in seinen Reden und schnellen Äußerungen zu erkennen. Auch die Gauck-Kritiker nehmen das wahr und halten es ihm vor. Die jüngste Kritik von Friedrich Schorlemmer an Gauck zeigt das. Schorlemmer hielt Gauck vor, dass er zwar schön über die Freiheit reden könne, aber er halte es nicht mit der Gerechtigkeit. Schorlemmer spielte einmal mehr die soziale Frage gegen die Freiheit aus. Gauck, dem die soziale Frage bei weitem nicht gleichgültig ist, kann sich verstanden fühlen. Er zielt genau auf diese Ideologie. Deswegen wird er weiter über die Freiheit reden, bevor er über die große Gerechtigkeit spricht, weil sie noch nicht gekommen ist.

Möglicherweise fühlt sich Joachim Gauck von ideologischen Ansprüchen so belästigt, dass er deren Abwehr auch als Leiter der Behörde für die Stasiakten praktiziert hat. Auf der einen Seite hatte er den öffentlichen Druck des ehemaligen linken Diktaturpersonals auszuhalten, das ihn als Großinquisitor beschimpfte. Er hatte mit Idealisten zu rechnen, die schnelle Versöhnung einer langwierigen Aufarbeitung vorzogen. Er hatte mit Konservativen zu tun, die aus unterschiedlichen Interessenlagen die Behörde gerne geschlossen hätten. Gekämpft wurde mit den Medien, mit politischen Entscheidungen und vor Gericht. Er konnte sich wehren, suchte politische Mehrheiten und stritt notfalls auch vor dem Richter.

Aber es gab noch eine Konfliktlinie, die für Gauck bisweilen schmerzhaft war. Das waren die Auseinandersetzungen mit Freunden aus 1989 und mit ehemaligen Oppositionellen. Dafür steht etwa die

Joachim Gauck als Ältester mit den beiden Schwestern Sabine und Marianne und seinem Bruder Eckart

Ein Bild aus friedlichen Tagen: der Vater von Joachim Gauck (l.) mit anderen Besatzungsmitgliedern an Bord

Joachim Gauck sen. war ein Mann von der Küste, der sich am Wasser und auf See zu Hause fühlte

Der Vater war, wie später auch der Sohn, der Mann im Hause, der, wenn er daheim war, mit Strenge erzog

Ostern 1943: zu Besuch in Gdingen (Gdynia), dem damaligen Gotenhafen. Später verbrachte Joachim zusammen mit Mutter Olga und Schwester Marianne hier fünf Monate beim Vater, der an der Navigationsschule der Kriegsmarine unterrichtete.

Seite 101 Historische Aufnahmen aus den sowjetischen Gefangenenlagern, den Gulags, in Sibirien. Millionen Menschen starben hier an Hunger und Kälte. Der Vater von Joachim Gauck überlebte.

Der große Spielplatz vor der Haustür: die Brüder Joachim (links) und Eckart zusammen mit ihrer Mutter 1952 am Strand der Ostsee

Die Pension am Rande von Wustrow: von der Großmutter Antonie Gauck gebaut, nach dem Krieg vom FDGB, der staatlichen Gewerkschaft, genutzt, seit der Einheit wieder im Besitz der Familie

Joachim Gauck nach dem Theologie-Studium als Vikar in Laage

Im Talar vor dem Gottesdienst zusammen mit seinem kleinen Sohn Martin

Joachim Gauck mit Gemeindegliedern in Rostock-Evershagen

Olga und Joachim Gauck sen. bei ihrer silbernen Hochzeit. Er war nach den Jahren in Sibirien wieder glücklich und von den schweren Entbehrungen genesen heimgekehrt.

Silberne Hochzeit: großes Familienfest in Rostock Anfang der sechziger Jahre

In den achtziger Jahren veranstalten oppositionelle Gruppen „Friedenswerkstätten“, eintägige Großveranstaltungen, die zumeist auf kirchlichem Gelände stattfinden und neben Gottesdiensten auch Ausstellungen, Vorträge, Diskussionen, künstlerische Darbietungen und Informationsstände umfassen. Pfarrer Heiko Lietz spricht auf der Berliner Friedenswerkstatt im August 1985 auf dem Gelände der Erlöserkirche am Nöldnerplatz.

Joachim Gauck bei einer Predigt im Herbst 1989 in der Rostocker Marienkirche

Joachim Gauck signiert im März 2010 im Gesellschaftshaus Magdeburg nach einer Lesung seinen Erinnerungsband

Rückkehr in die Rostocker Marienkirche: Hier begann das „zweite Leben“ des Joachim Gauck

Seite 108 Erinnerungen nach 55 Jahren: am Strand der Kindheit in Wustrow

2010 in Wustrow: Die Betonfestung aus Nazi- und DDR-Zeiten ist ins Meer gestürzt

Joachim Gauck im Haus der Familie in Wustrow

Seite 110 Mit Joachim Gauck sen. 1990 im Gespräch: Nach Jahrzehnten des Schweigens erzählt er über die Jahre im Gulag

Vater und Sohn Gauck im privaten Kreis – beide haben nach den Zeiten der Diktatur die deutsche Einheit als Chance für persönliche Freiheit erlebt

Auseinandersetzung mit Jürgen Fuchs, dem dissidentischen Schriftsteller. Fuchs hatte den Beirat der Behörde aus Protest verlassen, weil in dieser Behörde Stasioffiziere arbeiteten. Dann erschien das Buch von Fuchs mit dem Titel „Magdalena". Das Buch war eine durchgestaltete Abrechnung mit einem bürokratischen Apparat, der Aufarbeitung betreibt und verfehlt. Im Untertitel hieß es „VEB Horch & Gauck". Das war alles sehr hart für Gauck, er war verletzt, fühlte sich persönlich angegriffen. Und vor allem sah Gauck sein ausgewogenes Aufarbeitungskonzept missverstanden. Dass er an der Auseinandersetzung auch eigene Anteile hatte, hat er wohl kaum wahrgenommen. Er wollte eine rechtlich saubere und politisch korrekte Aufarbeitung. Aber dann kamen Leute mit „leuchtenden Augen", wie er häufig sagte. Deren Leidenschaft, vielleicht auch deren Sendungsbewusstsein im Aufarbeitungsprozess, wehrte Gauck ab.

Ist denn, so könnte man fragen, bei Gauck gar nichts geblieben an Visionen, von der schwärmerischen Hoffnung auf eine bessere Welt? Doziert er weiter, auch als Bundespräsident, über die Segnungen der Demokratie mit ihren spannenden und langweiligen Aspekten? Hat er ein Politikverständnis, das sich auf die rationale Analyse und Operationalität des demokratischen Systems beschränkt? Er wird auf seine Art reden. Er wird nicht predigen. Aber er wird manches rhetorisches Feuerwerk abbrennen und sich bisweilen in einen Pathos hineinbegeben, der ihm als Pastor eingeschrieben ist. Das tut auch den säkularen Bürgern gut. Die Demokratie besteht ja nicht nur aus ihren rechtlich überprüfbaren Regelwerken. Sie lebt von Menschen, die sich an die Regeln halten und die in die demokratischen Institutionen ihr Vertrauen setzen, weil hier auch nur normale Bürger das Sagen haben. Gauck hat die Gabe, dafür zu begeistern.

Hans-Jochen Tschiches Urteil über Joachim Gauck begründet sich auf der Geschichte der Opposition in der DDR, deren Anfänge weit zurückliegen. In der DDR wurde bereits 1988 intensiv über die künftige Veränderung der Gesellschaft gesprochen. Einer der Wortführer war Hans-Jochen Tschiche, der zum Basisgruppentreffen „Frieden konkret VI“ im Februar 1988 ein Grundsatzpapier zur Neugestaltung der Gesellschaft auch über die DDR hinaus vorgelegt hatte. Es ist Beweis dafür, wie intensiv in oppositionellen Kreisen zu dieser Zeit im Osten Deutschlands mögliche radikale Veränderungen auf der Tagesordnung standen.

Teilhabe statt Ausgrenzung – Wege zu einer solidarischen Lebens- und Weltgestaltung
Die modernen Industriegesellschaften sind so organisiert, dass die Zerstörung der Umwelt unaufhörlich voranschreitet, die Kluft zwischen den armen und reichen Völkern immer größer wird und die Austragung von politischen Konflikten mit Massenvernichtungswaffen nicht auszuschließen ist. Es droht der kollektive Selbstmord der Menschheit, wenn nicht eine andere Lebens- und Weltgestaltung angestrebt wird. Schritte auf dem Wege der Veränderung sind die Dezentralisierung wirtschaftlicher und politischer Machtballungen, die Förderung von

umweltfreundlichen Technologien, die Unterstützung der Abrüstungsbemühungen der Mächtigen, Anstrengungen zur Herstellung einer weltweiten wirtschaftlichen Gerechtigkeit, die Stärkung des Einzelnen gegenüber den übergreifenden Machtstrukturen und die Abkehr von einer konsumorientierten Lebensform. Für die Basisgruppen in der DDR sind die wichtigsten Verbündeten in diesem Veränderungsprozess der Industrienationen die Friedens-, Umwelt-, Zweite-/Dritte-Welt-, Frauen-, Bürgerrechtsgruppen und andere emanzipatorische Gruppen in Europa und Nordamerika. In diesem Umfeld wächst eine andere Kultur, die dem Hang zur Gewalttätigkeit widersteht und menschenwürdige und umweltfreundliche gesellschaftliche Strukturen entwickelt, ausprobiert und durchsetzt. Dieser Aufbruch ruft den Widerspruch und den Widerstand der Etablierten hervor und wird immer wieder zu staatlichem Vorgehen gegen diese Gruppen und zu ihrer gesellschaftlichen Verunglimpfung führen. Wir, die Vertreter dieser Basisgruppen, lassen uns aber auf diesem Wege nicht beirren und erklären:

1.1. Durch unsere Gruppen wird moralisch legitimiert eine kritische Öffentlichkeit in der DDR hergestellt, die das Gespräch über notwendige Veränderungen in das gesellschaftliche Bewusstsein hebt.

1.2. Die Gruppen haben das Recht, so in der Öffentlichkeit aufzutreten, dass sie die gesellschaftliche Aufmerksamkeit erregen.

1.3. Die gesellschaftliche Kraft und der politische Einfluss der Gruppen reichen im Augenblick nicht aus, um kurz- oder mittelfristig gesamtgesellschaftliche Veränderungen durchzusetzen.

1.4. Trotz der Einsicht in die vorläufige Erfolglosigkeit verzichten die Gruppen nicht auf das Ziel einer anderen Kultur. Sie werden sich stärker untereinander vernetzen. Sie suchen Mittel und Wege, um ihren Widerstand und ihr Ziel unübersehbar durch zeichenhaftes Handeln an die Öffentlichkeit zu bringen. Sie lassen sich nicht verführen, gewalttätige Theorien zu entwickeln und in die Tat umzusetzen.

2.1. Die Gruppen erwarten, dass die Kirchen Räume zur Verfügung stellen, in denen einzelne und Gruppen ohne Auflagen und trotz unterschiedlicher ideologischer und religiöser Motivation über die notwendigen gesellschaftlichen und persönlichen Veränderungen miteinander sprechen. Sie erwarten, dass die Kirchen Öffentlichkeitsräume bereitstellen, in denen die Gruppen wirksam werden können.

2.2. Die Gruppen wünschen in kritischen Situationen, die zu staatlichen Eingriffen führen, von den Kirchen nicht zuerst geheimdiplomatische Bemühungen und Teilnahme der kirchlichen Mandatsträger am Spiel der Mächtigen. Es sollte immer deutlich bleiben, dass sie sich dem Ideengut einer menschenwürdigeren Kultur und ihren Vertretern vorrangig solidarisch verpflichtet fühlen.

2.3. Die Gruppen respektieren, dass die gesamtkirchliche Arbeit wichtige Aspekte hat, die nicht im Blickfeld der Gruppen liegen.

3.1. In der DDR-Gesellschaft setzen sich die Gruppen dafür ein, dass die krisenhafte Situation der modernen Industriegesellschaften von allen Verantwortungsträgern öffentlich durchschaubar diskutiert wird.

3.2. Die Gruppen fordern die pluralistische, demokratische und dezentralisierte Organisation des wirtschaftlichen und gesellschaftlichen Lebens in der DDR.

3.3. Die Gruppen fordern den Ausstieg aus Technologien, die irreparable Umweltzerstörungen heraufbeschwören. Sie sind bereit, bei der Bevölkerung um Verständnis zu werben, dass die entstehenden Kosten alternativer Entwicklungen von allen getragen werden müssen.

3.4. Die Gruppen bemühen sich um den Abbau der konsumorientierten Ziele der sozialistischen Gesellschaft. Sie sind bereit, die Kosten eines gesellschaftlichen Umbaus mitzutragen.

4.1. Die Gruppen bejahen jede politische Initiative, die zur allgemeinen Abrüstung führt. Sie unterstützen die Versuche, atomwaffenfreie Zonen in Europa zu schaffen.

4.2. Die Gruppen setzen sich für eine Veränderung der Weltwirtschaftsordnung ein, damit die armen Völker eine Chance erhalten, ihr wirtschaftliches und gesellschaftliches Leben unter menschenwürdigen Voraussetzungen zu gestalten. Sie beteiligen sich nach Maßgabe ihrer Möglichkeiten an Initiativen, die diesem Ziele dienen.

4.3. Die Gruppen gehen davon aus, dass die Zukunft der Welt davon abhängt, nationale und internationale Krisen nicht durch militärische Gewalt und Interventionen, sondern durch politische Bemühun-

gen zu lösen. Sie werden solche Bemühungen öffentlich unterstützen.
4.4. Die Gruppen bemühen sich in der DDR um eine Entmilitarisierung des öffentlichen Lebens, um die Entideologisierung der Bildung und um die Entbürokratisierung des Umganges mit den Bürgern.
5. Um diese Ziele zu erreichen, Forderungen durchzusetzen, mit Enttäuschungen und massivem Druck von unterschiedlichen Seiten leben zu können, brauchen die Gruppenmitglieder Trainingsfelder
1. zur Einübung der eigenen alternativen Lebensform,
2. zur Vergewisserung der eigenen religiösen oder ideologischen Motivation,
3. zur Verarbeitung der eigenen Ohnmachtserfahrungen angesichts staatlichen Zwanges oder angesichts der sehr komplexen und komplizierten Problemlage,
4. zur Fähigkeit des Einzelnen, trotz kontroverser Überzeugungen im kooperativen Gespräch zu bleiben.
Die Gruppen stellen diese Trainingsfelder zur Verfügung und verschaffen sich Sachkenntnis, um solche Prozesse helfend zu begleiten.

Hans-Jochen Tschiche konnte sich mit seinen radikalen Forderungen nach einer völlig neuen Orientierung der Gesellschaft nicht durchsetzen. Seine Ideen waren von Idealen bestimmt, die in der politisch wie wirtschaftlich verhärteten und heruntergekommenen Gesellschaft der DDR unrealistisch waren und die auch heute im vereinten Deutschland in weiten Teilen als utopisch und weltfremd gelten würden. Dennoch war der Ruf nach veränderten Lebensentwürfen, mehr Gerechtigkeit, ökologischem Bewusstsein, gegen Ausbeutung und für eine weltweite Solidarität lange nicht so stark wie gegenwärtig. Es ging zunächst um Änderungen, mit denen sich die Lebensbedingungen der Menschen verändern ließen. Dazu bedurfte es aber dennoch Forderungen, die in der Öffentlichkeit radikal formuliert und an die SED-Führung gerichtet werden mussten. Für Tschiche ist Joachim Gauck hier stumm geblieben.

Joachim Gauck ist zum Kandidaten für das Bundespräsidentenamt gekürt worden. Das sei für ihn so überraschend gewesen, dass er sich nicht einmal waschen konnte, als er in das Bundeskanzleramt gerufen wurde. Eigentlich stand die Partie für ihn nicht gut. Angela Merkel mag ihren mecklenburgischen Landsmann nicht. Aber plötzlich spielte die krisengeschüttelte FDP den Vorturner: Gauck und kein anderer! Endlich sollte einmal der deutsche Blätterwald eine positive Nachricht über diese Partei zu berichten wissen. Bündnis 90/Die Grünen und die SPD hatten sich öffentlich zurückgehalten. Als Ärgerkandidat für Frau Merkel war er ihnen 2010 ganz recht. Schließlich konnte er damals kaum gewinnen. Aber diesmal wäre ihn ein anderer lieber gewesen. Etwa Klaus Töpfer, der in globalen Dimensionen denkt und wirkt. Aber offensichtlich wollte die Bundeskanzlerin ihre Koalition nicht schon jetzt platzen lassen. Um alle Machtoptionen offenzuhalten, ließ sie vermelden: Gauck ist es. Die Opposition konnte jetzt schlechterdings gegen ihren ehemaligen Kandidaten sein. Die Linke wurde erst gar nicht gefragt. Sie wäre sowieso gegen Gauck. Der Chor der klassischen Parteien der Bundesrepublik konnte der Versuchung nicht widerstehen, die neu entstandene Linke als DDR-nostalgische Vereinigung abzustempeln, deren Verfassungstreue des Öfteren angezweifelt wird.

Joachim Gauck wird öffentlich überall als ehemaliger DDR-Bürgerrechtler herumgereicht. Er fährt ganz ungeniert auf diesem Ticket durch die politische Landschaft. Joachim Gauck war ein integrer Pfarrer der Mecklenburgischen Landeskirche. Er hat sich nie auf fragwürdige Weise mit den Sicherheitsbehörden eingelassen. Er hat sich auch nicht gescheut, in seinen kirchlichen Ämtern ein offenes Wort zu wagen. Die Sicherheitsbehörden haben ihn überwacht. Aber in der entstehenden Opposition unter dem Dach der Kirche ist er mir nie begegnet.

In den achtziger Jahren des vorigen Jahrhunderts gelangte die westliche Friedenspolitik auf ihren Höhepunkt. Die Angst vor dem atomaren Inferno ging um. Neue Trägerraketen standen im Osten, und im Westen sollte nachgerüstet werden. Beide deutsche Teilstaaten würden im Fall eines Krieges zu einer atomar verseuchten Mondlandschaft. In Bonn erreichte die westliche Friedensbewegung ihren Höhenpunkt. 100.000 Menschen versammelten sich. Im Schatten dieser Ereignisse wurde die Friedensdekade der DDR-Kirchen geboren. Ihr Motto: Schwerter zu Pflugscharen. In einzelnen Gemeinden sammelten sich Friedensgruppen, zu denen auch Nichtchristen gehörten. Die Mehrheit der evangelischen Kirchgemeinden verschloss sich dieser Arbeit. Die Öffnung riskierten nur einzelne Pfarrer und Kirchengemeinden – vor allem im großstädtischen Bereich. Die kirchlichen Oberen versuchten, diese aufmüpfigen Gäste zu domestizieren. Schließlich sei man zwar für alle, aber nicht für alles da. Ein Bischof erklärte: „Wir haben zwar eine Position, aber wir sind keine Opposition." Die Verantwortlichen der Kirche wurden den Verdacht nicht los, dass hier politisches Allotria getrieben werde. Der Staat könnte gereizt werden und andere kirchliche Arbeitszweige behindern. Ein Propst erklärte, man möge doch immer daran denken, dass durch öffentliche Äußerung dieser Gruppen staatliche Stellen nicht das Gesicht verlieren dürften. Ein spannungsvolle Geschichte – die Chefetagen bremsten, die Aufmüpfigen drängten. Allmählich erweiterte sich der Kreis der Themen: Ökologie, Frauen, emanzipatorische Gruppen, Dritte-Welt-Verantwortung und Menschenrechte lagerten sich an die ursprüngliche Friedensarbeit an. Es entstand eine winzig kleine alternative Bewegung im real existierenden Sozialismus. In den Augen des MfS gehörten nie mehr als 3.000 bis 4.000 Menschen dazu. Die DDR hatte 16 Millionen Einwohner. Trotzdem beunruhigten sie die weltliche Obrigkeit. Die Gruppen entwickelten das Netzwerk „Frieden konkret", dessen Vertreter sich einmal im Jahr trafen. Aus dieser Bewegung kamen die Leute, die man heute die Bürgerrechtler nennt. Sie forderten die Demokratisierung des sozialistischen Staates. Ich war von Anfang an dabei. Von Joachim Gauck habe ich nie etwas gehört. Vor 1990 kannte ich ihn nicht.

Etwa seit 1987 wollten wir aus dem Gewächshaus der Kirche ausziehen und im Freiland der Öffentlichkeit eine gesellschaftliche Organisation gründen. In der zweiten Hälfte des Jahres 1989 wurde die DDR mit einer Gründungswelle von oppositionellen Gruppen überzogen. Am bekanntesten wurde das Neue Forum. Joachim Gauck gehört nicht zu den Vätern dieser Gründung. Er schwang erst später auf den fahrenden Zug auf. Wenn ich heute die veröffentlichte Meinung wahrnehme, wird er immer als Lokomotivführer der Oppositionsbewegung beschrieben. Er hat sich das nach meinem Wissen auch immer gefallen lassen. Joachim Gauck hat dann eine wichtige Behörde aufgebaut, die lange Zeit seinen Namen trug. Sie war das Geschenk der westdeutschen Politiker für die DDR-Opposition. Die Akten des MfS verschwanden nicht im Bundesarchiv. Sie blieben im Osten. Wir konnten das Innenleben eines Geheimdienstes besichtigen. Und ich dachte bei mir, so sehen sie aus, die Geheimdienste in aller Welt. Eine bohrende Frage für Politiker, wie legitim ist das Wirken im Verborgenen am Rande der Legalität. Allerdings war die Behörde eigentlich gegründet, um die Opfer zu rehabilitieren und die Täter zu entlarven. An eine Versöhnungskommission hatte keiner gedacht. Wir haben alle miteinander erlebt, dass der Unterdrückungsapparat sich ohne Widerstand selbst aufgegeben hat. Das ist das Wunder von 1989. Eine friedliche Revolution, und die Mächtigen verlassen ohne Gegenwehr die Kommandobrücke.

Als die DDR aus der Geschichte verabschiedet wurde, war vorerst mein Traum vom demokratischen Sozialismus zu Ende. Für Joachim Gauck aber hat sich ein Traum erfüllt. Er war in der Welt der westlichen Konservativen angekommen. Er sei ein linker, liberaler Konservativer, meinte er, was immer das sein mag, eine Art eierlegende Wollmilchsau - von jedem etwas, für jeden etwas. Aber in Wirklichkeit ist er ein gestandener Konservativer. Er gehört zu jenem Teil der westlichen Gesellschaft, der den Markt entfesselt hat. Die Konservativen haben die Geister gerufen, die ganze Länder in die Pleite führen. In Deutschland öffnet sich die Schere zwischen den Armen und den Reicher immer weiter. Effizienz und Tempo sind die neuen goldenen Kälber. Die Hektik bringt die Menschen um ihre Gesundheit. Wer es nicht schafft, ist selber dran schuld. Das ist das Credo der Konservativen. Gauck schwärmt von der Freiheit, die ihm alle Wege öffnet. Wer nach der sozialen Absicherung fragt, will nach seiner Ansicht zurück zu den dürftigen Fleischtöpfen der DDR, wo andere ihm den Fraß vorwarfen. Seine ostdeutschen Landsleute sind ihm suspekt. Sie wären mit einer besser ausgestatteten Leibeigenschaft zufrieden, statt sich in den Kampf um die Freiheit der eigenen Entscheidung zu stürzen. Der Tüchtige wird es immer zu etwas bringen. Kapitalismuskritik hält er für absurd. Wir brauchten als erste Frau oder als ersten Mann im Staate einen Menschen, der vordenkt, der die Wirklichkeit wahrnimmt, die Bedrohungen benennt und nach Alternativen fragt. „Ich bin da angekommen, wo ich schon immer sein wollte, und es soll grundsätzlich alles so bleiben", das ist einfach zu wenig für das Amt des Bundespräsidenten. Ein Mann von keinem Selbst-

zweifel geplagt, von einer Aura kindlicher Eitelkeit umgeben, der in der Öffentlichkeit mit einer herablassenden Jovialität seine Worte auf seine Zuhörer herabfließen lässt, bietet zwar ein interessantes Schauspiel, aber so habe ich mir einen Bundespräsidenten nicht vorgestellt.
Was mich richtig in Rage gebracht hat, war die Preisverleihung in München. Er wurde mit den Geschwistern Scholl verglichen. Er hat das nicht zurückgewiesen und ist auch nicht schamrot geworden. Wer sich so hofieren lässt, droht der Gefangene seiner Eitelkeit zu werden. Er ist ein tönend Erz und eine klingende Schelle. Joachim Gauck wird sich gekränkt fühlen. So zu reden ist mir nicht leicht gefallen. Aber mein Gewissen hat mir gesagt: Steh auf und rede!

Joachim Gauck und Hans-Jochen Tschiche waren Amtsbrüder. Brüder im Geiste sind sie nie gewesen. Sie zeigen die weit auseinander liegenden Positionen. Nach 1949 hatte die SED Mitglieder der Jungen Gemeinde ausgegrenzt und schikaniert. Pfarrer Oskar Brüsewitz hatte mit seiner Selbstverbrennung 1976 in Zeitz gegen die Unterdrückung des Staates und den Gleichmut der Kirche gleichermaßen protestiert. Während eines Kirchentages in Wittenberg 1983 schmiedete Stefan Nau aus Protest gegen die atomare Bewaffnung in West und Ost symbolisch ein Schwert zu einer Pflugschar. Mitgetragen wurde die Aktion von dem Pfarrer Friedrich Schorlemmer. Auf der anderen Seite lud die SED-Führung die evangelische Kirche zum Dialog unter der Devise „Kirche im Sozialismus". Dieser Dialog war den Genossen wichtig, um der Unruhe Herr zu werden. Joachim Gauck war einer der Männer des Konsenses.

BÜRGERRECHTLER ODER NICHT?

Auf der Suche nach einer klaren Definition scheinen die Meinungen darüber, was einen „Bürgerrechtler" auszeichnet, stark auseinanderzugehen. Bei einer freizügigen Auslegung wären alle, die sich im kirchlichen und öffentlichen Raum für mehr Rechte in der DDR ausgesprochen haben, die über Ausreise und Meinungsfreiheit diskutiert haben, „Bürgerrechtler". So gesehen könnten auch Bands wie Renft oder später City dazu gezählt werden, da sie etwa Sehnsüchte nach Freiheit formulierten. Und viel mehr noch die aufsässigen Punkbands wie Feeling B, Zwitschermaschine und Namenlos. Nicht zu vergessen die Hausbesetzer, die sich von der Wohnungsmisere nicht schrecken ließen.
Das Thema „Bürgerrechtler" war bei meinen Begegnungen mit Joachim Gauck kein Thema, weil er diese Titulierung zu jener Zeit noch nicht für sich beansprucht hatte. Für mich waren auch andere als er Bürgerrechtler. Der Begriff war mit Oppositionellen aus der Sowjetunion, der Tschechoslowakei und Polen verbunden. Mit Solschenizyn, Havel, Mařanová, Hájek, Wałęsa, Kuroń und Walentynovicz. In der DDR galt er für Robert Havemann, Wolf Biermann, Bärbel Bohley, Jürgen Fuchs, Friedrich Schorlemmer, Rainer Eppelmann, Ralf Hirsch, Lutz Rathenow oder Roland Jahn. Roland Jahn war in den siebziger Jahren mit einem Hitler-Stalin-Bart auf dem Rad durch Jena gefahren. Er hatte, wie viele, gegen die Niederschlagung des Prager Frühlings protestiert, hatte mit Freunden Protest- und Plakataktionen organisiert, war verhaftet und gegen seinen Willen in den Westen geschickt worden. Bürgerrechtler

hatten für die Menschenrechte alles riskiert. Sie wurden bedroht, immer wieder neu verhört, hatten im Gefängnis gesessen, ihre Angehörigen wurden schikaniert.
Nach Auffassung von Heiko Lietz wurde der Begriff des Bürgerrechtlers durch Joachim Gauck inflationiert. Lietz war von Anbeginn einer der wichtigsten Vertreter der Opposition im heutigen Mecklenburg-Vorpommern. Er war seit März 1990 Landessprecher des dortigen Neuen Forums, später sechs Jahre Landesvorsitzender der Grünen. Zudem war er Mitbegründer des Bürgerbündnisses gegen Neonazis in Rostock. Heute begleitet er bei einer Tafel für Hartz-IV-Empfänger das Essen mit Andachten und Gesprächen. Außerdem hält er in seinem Büro für Menschenrechte Sprechstunden an der Basis ab, betreut – unterstützt von der Schweriner Oberbürgermeisterin – Menschen am Rande der Gesellschaft.
Joachim Gauck kennt Heiko Lietz bereits aus seiner Schul- und Studienzeit. An der Theologischen Fakultät der Universität Rostock haben sie gemeinsam Handball gespielt. Dennoch sind sie einander immer seltsam fremd geblieben. Privat gab es keine engen Kontakte.
Lietz hat sich vor zwanzig Jahren für Mecklenburg-Vorpommern und gegen Berlin entschieden. Seinen Weggefährten Joachim Gauck zog es in die Hauptstadt. Beide standen auf der Liste des Neuen Forums für die erste frei zu wählende Volkskammer. Der ehemalige Güstrower Pastor Lietz hatte Joachim Gauck zur politischen Karriere als Spitzenkandidat im Bezirk Rostock ermuntert. Er fühlt sich daher als wichtiger Wegbereiter für dessen Aufstieg. Heiko Lietz selbst trat als Spitzenkandidat in Schwerin nicht an. Trotz seiner Popularität und bester Erfolgsaussichten wollte er den revolutionären Umbruch vor Ort erleben.

Dass er der Geburtshelfer für die Karriere des Pastors aus Rostock-Evershagen war, ist von Joachim Gauck mit keinem Wort erwähnt worden. Es hätte seine Selbstinszenierung und Selbstdarstellung gestört. Heiko Lietz hat die entscheidende Phase vom Pfarrer zum Politiker Gauck begleitet.
Für Lietz ist Gauck im engeren Sinne kein Bürgerrechtler. „Freiheit ohne soziale Sicherheit ist zu wenig", ist seine Meinung. Von der Staatssicherheit einst zum harten Kern der DDR-Opposition gerechnet, will Lietz heute den realen Kapitalismus überwinden.

Das erste Mal ist Joachim Gauck am 12. oder 19. Oktober als Prediger in der Marienkirche zu einem Friedensgottesdienst aufgetreten.
Frage: Gauck hat dann in der Marienkirche gepredigt, wer hat ihn dazu ermuntert und welche Reaktionen gab es darauf?
Antwort: Ermuntert wurde er durch die Gemeindemitarbeiterin Dietlind Glüer. Die Reaktionen waren sehr beeindruckend.
Frage: Hat er dann an den darauf folgenden Demonstrationen durch Rostock teilgenommen? Ab wann fanden diese Demonstrationen statt?
Antwort: Die erste Demonstration in Rostock war am 19. Oktober, die sich aus der Kirche in die Stadt begab. Er nahm auch daran teil. Seitdem folgten sie wöchentlich.
Frage: Ist er damit dann nicht zur Leitfigur der Opposition geworden?
Antwort: In Rostock gab es eine Anzahl ganz Aktiver im Neuen Forum, die die Demos organisierten und leiteten.

Frage: Wie ist Gauck zum Neuen Forum gekommen?
Antwort: Als er im Oktober merkte, dass sich in Rostock die meisten am Aufruf des Neuen Forums orientierten (es gab zu dieser Zeit ja auch noch andere Gruppen), schloss er sich diesem Trend auch an. Er stellte an seinem Haus einen Briefkasten mit der Aufschrift „Nathan Frank" auf, in den dann die Beitrittserklärungen für das Neue Forum eingesteckt werden konnten. Bei der ersten Zusammenkunft am 12. Oktober, die ich in Rostock durchführte, hatte sich Joachim Gauck noch nicht aus der Deckung begeben. In einem Gespräch, das ich in den folgenden Tagen mit ihm führte, machte ich ihm Mut, auch dem Neuen Forum beizutreten. Nur so habe er eine Chance, politisch etwas zu bewirken und zu verändern.
Frage: Gibt es von ihm aus der Vergangenheit Belege dafür, dass er als Bürgerrechtler und Oppositioneller aufgetreten ist?
Antwort: Seit ich die Aktivitäten der damaligen unabhängigen Friedensbewegung in den damaligen drei Nordbezirken ab 1982 koordinierte, war Jochen Gauck niemals mit dabei. Das änderte sich auch nicht bis Anfang Oktober 1989. Erst danach begannen seine Aktivitäten.
Frage: Wie ist Joachim Gauck dann „in die große Politik" gekommen?
Antwort: Das entwickelte sich ab dem 12. Oktober in Rostock im Selbstlauf. Weil er schon damals sehr wortgewaltig war, hatte er auch die größte Resonanz. Er wurde für Tausende zum Wortführer und zur Leitfigur. Er fühlte sich von da an wohl

als „Bürgerrechtler". Über Inhalte wurde in dieser allerersten Phase nicht diskutiert. Die Schlagworte damals waren: „Wir sind das Volk", „Neues Forum zulassen", „Demokratie – jetzt oder nie" und „Stasi in die Produktion".
Frage: Hat sich Joachim Gauck hier „mit fremden Federn" geschmückt oder Etikettenschwindel betrieben?
Antwort: Danach wurde gar nicht gefragt. In den Grundforderungen waren sich zu diesem Zeitpunkt ja alle einig. Die Ausdifferenzierung setzte erst später seit Anfang Dezember ein, als das Neue Forum seine ersten programmatischen Texte verbreitete.
Frage: Anhänger Gaucks meinen, er habe durch seine Arbeit in der Kirchengemeinde sich diesen Titel verdient.
Antwort: Bürgerrechtler ist kein Titel, den man angesteckt bekommt, sondern der wächst einem zu, wenn man etwa in der DDR-Zeit in der Bürgerbewegung mit seiner ganzen Person für die Inhalte und Zielstellungen der unabhängigen Friedensbewegung auch öffentlich eingetreten ist, sich in die vorhanden Strukturen aktiv eingemischt hat und dafür auch bereit war, massive berufliche und persönliche Nachteile (bis hin zu Stasi-Verhören und Inhaftierungen) in Kauf zu nehmen.

Die Biografie von Heiko Lietz entspricht diesen Anforderungen. Er hat sich außerhalb der Kirche an die Öffentlichkeit gewagt. Er sorgte für Unruhe, wurde für die Staatssicherheit zu einem ständigen Problem – und musste dafür immer wieder Repressalien in Kauf nehmen.

Das hat schon 1968 mit dem Prager Frühling begonnen. Ich habe einen Brief an Ulbricht geschrieben und habe in der NVA Unterschriften zur Solidarität mit dem Aufständischen in Prag gesammelt, die wir der tschechischen Botschaft in Ostberlin übermittelt haben. Erstaunlicherweise bin ich nicht inhaftiert worden.

Frage: Joachim Gauck hat den Eindruck erweckt, in Mecklenburg sei die Bevölkerung immer etwas hinterher gewesen?

Die Friedensbewegung begann ja 1979/80 mit dem Nato-Doppelbeschluss. Als im Westen die großen Demonstrationen veranstaltet wurden, da ist es bei uns auch losgegangen. Ich hatte 1980 die erste Friedensgruppe gegründet. Ich habe 1984/85 DDR-weit Kontakte mit den Umweltgruppen aufgenommen und mit Dritte-Welt-Gruppen, die dann in die Friedensgruppen integriert werden sollten. Wir hatten hier in Kessin nach Berlin und Thüringen das dritte Seminar „Konkret für den Frieden“, das 1985 zu einem umfassenden Oppositionstreffen wurde. Da kamen unter anderem Bärbel Bohley und Roland Jahn. Das Ziel für mich war, dieses System zu stürzen. 1987 bin ich dann zum Sprecher der Menschenrechtsgruppen geworden. Wir haben 1988 zum ersten Mal in der Nähe von Waren ein DDR-weites Menschenrechts-Seminar veranstaltet.

DER LANGE ATEM DER STAATSSICHERHEIT

In der zweiten Oktoberhälfte 1989 ist die Zukunft der DDR weiter unklar. Die Lage ist brisant. In den Kirchen werden Friedensgebete abgehalten. Es kommt zu großen Demonstrationen. Zehntausende sind unterwegs. Es sind auch die großen Tage von Joachim Gauck. Die Versuche zu Gegenveranstaltungen der SED mit verlorenen Haufen herbeizitierter Genossen in Rostock und Schwerin scheitern kläglich.

In diesen Zeiten der Ungewissheit und des Umbruchs wurde auch hinter den Kulissen noch um die Macht gerungen. Zu den ungeklärten Kapiteln aus jenen Tagen gehört die Rolle der Staatssicherheit im Neuen Forum.

Einer der Zeitzeugen von 1989/90 ist der ehemalige Kirchenjurist in der Bauabteilung der Landeskirche Mecklenburg, Wolfgang Loukidis. Seit 1990 arbeitet Loukidis als selbstständiger Anwalt in Schwerin. Er ist noch heute unter anderem auf dem Gebiet der Rehabilitierung von Opfern des SED-Unrechts tätig.

Während des Studiums ist er 1973 drei Tage vor Schluss aus politischen Gründen exmatrikuliert worden. 1991/92 wurde er rehabilitiert. Ende 1989 sorgte er mit für die Schließung der Außenstelle des Ministeriums für Staatssicherheit in Rampe bei Retgendorf. Dann wurde er Mitglied des Schweriner Bürgerkomitees. Loukidis wurde auf Beschluss der anderen fünf Mitglieder Wolfgang Lehmann, Klaus Behnke, Thomas Schmidt, Peter Kruse und

Jutta Schuster am 4. April 1990 ausgeschlossen. Der Anwalt hatte sich geweigert, eine Schweigeverpflichtung zu unterschreiben, nach der keinerlei Auskunft über die Aktivitäten des Bürgerkomitees und Unterlagen der Staatssicherheit nach außen gegeben werden durften. Verfasser dieses Papiers war Bezirksstaatsanwalt Wolf.

> *Wolfgang Loukidis:* In der Ära von Diestel sollten wahrscheinlich all diejenigen, die eine Aufarbeitung wollten – und das ging nur mit Offenlegung der Akteninhalte –, aus den Bürgerkomitees herausgedrängt werden. Deshalb habe ich die Schweigeverpflichtung nicht unterschrieben. Dies war der Vorwand zum Ausschluss.

Besondere Aufmerksamkeit erregt im Zusammenhang mit den Aktivitäten des Schweriner Komitees der Name von Jutta Schuster. Die ehemalige Lehrerin war 1989 völlig überraschend im Schweriner Bürgerkomitee aufgetaucht. Sie war es, die Zugang zu den Stasi-Unterlagen bekam.

> *Heiko Lietz:* Jutta Schuster war für mich ein völlig unbeschriebenes Blatt. Ich begegnete ihr das erste Mal. Als ich mir bei Martin Klähn zwei Tage nach der Unterzeichnung des Aufrufs in Schwerin in seiner Privatwohnung den Aufruf abholen wollte und schier genau zur selben Zeit Jutta Schuster auch in seiner Wohnung war. Das war schon sehr verwunderlich.

Rechtsanwalt Wolfgang Loukidis erlebte Jutta Schuster als eine Frau, die sich in jeder Form gegen eine Veröffentlichung und Einsichtnahme von Stasi-Unterlagen aussprach:

> Sie kam über das Neue Forum/Arbeitsgruppe Staat und Recht in das Bürgerkomitee. Neben Thomas Schmidt trat sie vehement für die Vernichtung der IM-Akten unter der Maßgabe „Schutz der Patrioten" ein. Sie nahm im Neuen Forum die Stelle meines IM ein. Auf jeden Fall spürte ich bei ihr eine Staatsnähe, weil sie an keiner Stelle ein Interesse an der Aufarbeitung des SED-Unrechts zeigte. Vielmehr formulierte sie maßgeblich zusammen mit Herrn Behnke einen Beschluss zur Vernichtung der Stasi-Unterlagen.

Diese Forderung stieß auf Widerstand und wurde nicht umgesetzt. Schusters Name tauchte auch bei den Recherchen von Martin Klähn für seine Dokumentation immer wieder auf. Der gelernte Bauingenieur und spätere Programmierer Klähn war 1987 nach dem Besuch der Umweltbibliothek in Berlin politisch aktiv geworden. 1989 nach einem Besuch bei Katja Havemann in Grünheide veröffentlichte er in Schwerin einen Aufruf zur Gründung des Neuen Forums, das er kurze Zeit später mit begründete. Er war dann Mitorganisator der ersten Montagsdemonstration im Norden. Später musste er miterleben, wie sich einstige Mitarbeiter des Ministeriums für Staatssicherheit die Plätze im Neuen Forum sicherten, die für die Vernichtung und das Verschwinden von Akten sorgten. Jutta Schuster war offenbar eine der Schlüsselfiguren in diesem Spiel. Martin Klähn kommt zu einem Urteil, mit dem er die Situation treffend beschreibt:

> Das Schweriner Bürgerkomitee hat nichts veröffentlicht. Es blieb unter sich, das heißt, es hatte keine Verbindung, keinen Austausch mit anderen Gruppen oder Institutionen der Bürgerbewegung in Schwerin. Es arbeitete mit der Staatsanwaltschaft, der Volkspolizei und den aus Berlin geschickten Regierungsbeauftragten zusammen, und es kooperierte mit ehemaligen hauptamtlichen Mitarbeitern der Staatssicherheit. Es ließ sich für diese Zusammenarbeit von der Staatsanwaltschaft zum Schweigen verpflichten und schloss diejenigen aus seiner Mitte aus, die sich dazu nicht bereitfanden.

In diesen Wochen und Monaten der chaotischen Auflösung alter Strukturen der DDR waren viele orientierungslos und versuchten an den unterschiedlichsten Stellen zu helfen. Es gab nur eine Organisation, die über das nötige Knowhow verfügte: die Staatssicherheit. Sie wusste Bescheid und handelte. Martin Klähn dazu:

> An der Besetzung der Objekte Demmlerplatz und Rampe der Schweriner Bezirksverwaltung für Staatssicherheit beteiligten sich ca. dreißig Bürger und Bürgerinnen, im Bürgerkomitee selbst arbeiteten später nur sechs. Ähnlich wie verschiedene ehemalige Mitglieder des Untersuchungsausschusses sahen viele Akteure der Bürgerbewegung bzw. der SDP in Schwerin es als vordringlich an, nach den Schuldigen für die Gefährdung von Gesundheit und Leben von Demonstrationsteilnehmern zu fragen, nach dem Verbleib der Dienstwaffen zu fahnden, sich mit dem Missbrauch von Privilegien

zu beschäftigen, dafür zu sorgen, dass die Stasi-Telefonanschlüsse und die konspirativen Wohnungen öffentlich vergeben werden und sich für den Aufbau neuer Strukturen in der Verwaltung, in Betrieben und Schulen einzusetzen. So verweisen viele im Gespräch noch heute darauf, dass sie anderweitig beschäftigt waren und sich darauf verlassen haben, dass es Leute gibt, die die Auflösung der Staatssicherheit vorantreiben. Außerdem wollten sie sich nicht länger mit rückwärtsgewandten Dingen befassen, sondern endlich nach vorne schauen.

Auch Achim Oldenburg, der die Auflösung in Rampe mitbetrieben hatte, war ab Januar 1990 nicht mehr dabei. Im Interview sagte er dazu:

> Wir wollten eigentlich nur da sein und gucken, dass nichts passiert. Aber da gab es andere, wie zum Beispiel auch Klaus Behnke, die angeblich wussten, was zu tun ist, und ich war auch bereit, an Menschen abzugeben, die Bescheid wussten. Die Professionellen übernahmen dann das Ruder: Behnke, Schuster und Schmidt. Außerdem bin ich kein Berufsrevolutionär. Ich hab mich dann ab Januar um meine Existenz gekümmert und meine eigene Firma aufgebaut. Und wir waren auch verschiedener Meinung. Behnke wollte die Stasi mit Stasi-Methoden aufklären. Das habe ich für falsch gehalten. Unser Hauptziel, deren Macht zu zerschlagen, war ja auch erreicht. Das Ding war durch und konnte nicht wieder zurückgedreht werden.

Eine reguläre Gründung des Schweriner Bürgerkomitees scheint es nicht gegeben zu haben. Angesichts der fehlenden Legitimierung des Bürgerkomitees insgesamt als auch der fehlenden Delegierung seiner einzelnen Mitglieder durch das Neue Forum oder andere Institutionen der Bürgerbewegung muss man hier von einer – in den damaligen Zeiten durchaus üblichen – Selbstermächtigung sprechen. Auch im weiteren Verlauf wurde die Arbeit des Bürgerkomitees in keiner Weise in öffentliche Strukturen der Bürgerbewegung eingebunden. Lediglich an den Runden Tischen der Stadt und des Bezirkes Schwerin wurde über den Prozess der Stasiauflösung berichtet und diskutiert sowie versucht, ihn zu beeinflussen und zu steuern. Dies war jedoch keine wirksame Kontrolle.
Der überwiegende Teil der Mitglieder des Bürgerkomitees hatte sich selbst ernannt. Unter ihnen Klaus Behnke, Mitglied der ständigen Grenzkommission zwischen beiden deutschen Staaten, im Besitz eines ständigen Visums für den Westen und eines eigenen Siegels, mit dem er auch Zellen, gefüllt mit Stasi-Unterlagen, sichern und bei Bedarf wieder öffnen konnte. Er fand später eine Existenz im Landesamt für Vermessung. Wolfgang Lehmann war bis November 1989 SED-Parteisekretär im VEB Gummiwerke Schwerin. Peter Kruse und Wolfgang Loukidis waren die einzigen Mitglieder des Bürgerkomitees, die schon seit längerem der DDR gegenüber oppositionell eingestellt waren.
Der Bericht Martin Klähns über das Weiterwirken der Staatssicherheit ist auch deshalb bemerkenswert, weil er Hinweise gibt, wie von Schwerin aus schnell Kontakte nach Berlin geknüpft wurden. Thomas Schmidt wurde Koordinator sämtlicher Bürgerkomitees, aber nach kurzer Zeit wieder abgesetzt, weil er während Sitzungen heimlich

Tonbandaufzeichnungen gemacht hatte. Er eröffnete dann eine Praxis als Kieferchirurg in Pankow.
Martin Gutzeit, der Berliner Landesbeauftragte für die Stasi-Unterlagen, hat sich ausgiebig mit den Bezirksbürgerkomitees befasst. Sein Fazit hinsichtlich der Besetzung der MfS-Bezirksbehörden lautet sogar, dass diese von der SED regelrecht inszeniert wurden. Denn die Komitees handelten im Dezember 1989 häufig auf Initiative der Staatsanwaltschaften, und nicht etwa auf Druck der Bürgerrechtler.
Auch Wolfgang Loukidis musste erfahren, wer noch immer bestimmte. Als Vertreter des Neuen Forums saß er drei Mal, am 12., 14. und 15. Oktober, mit am Runden Tisch in Berlin. Eine Resolution von ihm zur Sicherung der Stasiakten wurde mit Tricks torpediert. Er kehrte unverrichteter Dinge wieder nach Schwerin zurück.
In diese bis heute nicht vollständig geklärten Vorgänge passt auch das unvermittelte Auftauchen der bereits genannten Jutta Schuster. Die Lehrerin hatte in ihrer Funktion als FDJ-Sekretärin bis zum Schluss eine harte Parteilinie vertreten.
In Schwerin übernahm Jutta Schuster als Interimschefin die Verwaltung der MfS-Akten. Ein Antrag von Wolfgang Loukidis als Mitglied des Neuen Forums und des Untersuchungsausschusses gegen Regierungskriminalität auf Ablösung Schusters wurde abgelehnt. 1992 wechselte sie trotz ihrer Vergangenheit in die Gauck-Behörde nach Berlin.
Zu den Ungereimtheiten in ihrer Biografie gehört das mysteriöse Verschwinden von Stasi-Unterlagen auf einer Fahrt zwischen Schwerin und Berlin aus ihrem Trabant. Ein peinlicher Vorfall. Dennoch musste sie sich um ihre

Zukunft keine Sorgen machen. Sie wurde von Joachim Gauck als Mitarbeiterin in seine Behörde geholt. Sie war Mitautorin des Stasi-Unterlagen-Gesetzes. In Berlin ist sie, nach ihrer Heirat unter dem Namen Jutta Albach, bis zum vergangenen Jahr in führender Position als Referatsleiterin im Bereich Akteneinsicht tätig gewesen.
Jutta Schuster könnte zu jenen 46 ehemaligen MfS-Mitarbeitern gehört haben, die vom damaligen Behördenleiter ins Amt gebracht worden sind. Gauck vertrat die Auffassung, sie wären am besten mit Insiderwissen vertraut und deshalb besonders gut geeignet. Es heißt, weder Jutta Schuster noch die anderen Mitglieder des Schweriner Bürgerkomitees seien bis heute auf eine mögliche Stasi-Vergangenheit überprüft worden.
Über die Verbindungen zwischen Schwerin und Berlin finden sich in Joachim Gaucks Biografie keine näheren Hinweise. Ungeklärt ist auch, wann und wo der Beauftragte der Stasi-Unterlagen-Behörde Jutta Schuster zum ersten Mal begegnet ist und warum er sie als qualifiziert für seine Institution der Aktenaufarbeitung hielt. Hat er sie als Mitarbeiterin im Sonderausschuss der Volkskammer zur Kontrolle der Auflösung des ehemaligen Ministeriums für Staatssicherheit nach Berlin geholt?

IM WESTEN GRÖSSERE ZUSTIMMUNG ALS IM OSTEN

Die Auseinandersetzungen von 1989/90 sind in vielen Bereichen noch heute unbewältigte Vergangenheit. Roland Jahn, Nachfolger von Joachim Gauck und Marianne Birthler als Bundesbeauftragter, kämpft seit seinem Amtsantritt 2011 darum, dass ehemalige Mitarbeiter der Staatssicherheit der DDR nicht mehr für diese Behörde tätig sein dürfen. Zwanzig Jahre lang waren sie teilweise mit der Verwaltung von Unterlagen beschäftigt, die sie im Auftrag der SED-Diktatur mit verfasst hatten.

Joachim Gauck hat solche Diskussionen seit langem, seit über zehn Jahren, hinter sich gelassen. Aber er beruft sich immer wieder auf seine Herkunft – auch als künftiger Bundespräsident, der zum ersten Mann im Staate aufgestiegen ist. Die Diskussion über seine Rolle in der DDR wird anhalten. Ihm wird der Vorwurf von Anpassung und Opportunismus gemacht, während er anderen als mutig gilt.

Sein Hohelied auf die Freiheit des neuen gesamtdeutschen Staates erklingt seit vielen Jahren euphorisch und ohne Einschränkung. Er äußerte sich weder über die großen sozialen Verwerfungen als Folge der Einheit noch über Bankenkrise und Spekulationen. In seinem Erinnerungsbuch finden sich keine Bemerkungen über die Folgen der Betriebsschließungen in den neuen Bundesländern, über Millionen von Menschen, die über Nacht zu Arbeitslosen geworden sind, über die Ausplünderung der ehemaligen DDR und die hunderten Fälle von Betrügereien bei der

Treuhand. Er ist kein Fürsprecher der Benachteiligten und Armen.
Friedrich Schorlemmer aus Wittenberg, der lange vor ihm als Bürgerrechtler aktiv geworden war, fordert seit Jahren mehr soziales Engagement von seinem Amtsbruder. Wären Engagement, Mut, Widerstand gegenüber der SED-Diktatur der Maßstab für die Kandidatur zum Bundespräsidenten, dann hätte die Entscheidung für Friedrich Schorlemmer oder andere wie Rainer Eppelmann oder den Pfarrer der Leipziger Nikolaikirche, Christian Führer, fallen müssen.
In zwei Interviews mit der „Berliner Zeitung“ und dem „Neuen Deutschland“ übt Schorlemmer nach einem ersten schroffen TV-Statement verhalten Kritik an der Haltung seines einstigen Amtskollegen, drapiert mit einem Lob:

> Dass jemand, der sein Leben lang gegen Repression und für Freiheit eingetreten ist, Bundespräsident wird, ist erst mal was Gutes. Seine Würdigung ist eine Würdigung des Freiheitskampfes der Ostdeutschen. Dass Gauck auch die innere Einheit wirklich anpackt, scheint mir allerdings unwahrscheinlich. Und das ist schade.
> *Frage*: Warum zweifeln Sie daran?
> Weil von vornherein ein Signal gegeben worden ist, dass man mit der Linken überhaupt nicht redet. Man muss aber akzeptieren, dass die Linke an vielen Orten der Republik eine Volkspartei ist und die demokratischen Regeln einhält. Man kann sich abgrenzen, aber darf sie nicht prinzipiell ausgrenzen. Ich glaube jedenfalls nicht, dass die Bundesrepublik Deutschland durch Gregor Gysi oder Sahra Wagenknecht gefährdet ist.

Frage: Ist Gauck zu sehr auf das Thema Freiheit fixiert, wie manche Gegner sagen?

Ja, die Bandbreite seiner Einlassungen muss sich noch sehr erweitern. Es ist wunderbar, dass er das Loblied auf die Freiheit singt. Aber er müsste auch das Loblied auf die Gerechtigkeit singen, damit sich alle die Freiheit leisten können. Und wir brauchen einen Präsidenten, der auf keinem Auge blind ist – der also dem Bestsellerautor Sarrazin „Mut" attestiert, aber zum Desaster unseres Verfassungsschutzes nichts sagt.

Frage: Gauck hat die Occupy-Bewegung und ihre Kritik am ausufernden Finanzmarkt-Kapitalismus „albern" genannt.

Das war eine ungeheure rhetorische Arroganz. Wir brauchen doch Widerstand gegen Bankenübermacht, wir brauchen dringend Regeln der Marktfreiheit. Was ich grundsätzlich bedaure ist das Monothematische an Gauck. Wer von der Freiheit spricht, der muss auch vom Brot sprechen, vom Wasser, vom Wetter, vom Frieden.

Frage: Kann oder will Joachim Gauck das nicht?

Er hat das einfach nicht so auf dem Schirm. Doch wer ein Moralist ist wie Gauck, der muss auch die moralischen Verwerfungen aufgreifen. Er ist vom Stamme Levi; er wird uns die Leviten lesen! Und ich sage Ihnen noch eins: Dass die Liberalen Gauck wollen, kann ich verstehen. Aber ich würde gerne wissen, was die Grünen an ihm grün finden und die Sozialdemokraten an ihm sozialdemokratisch. Interessanterweise hatte die CDU ja mehrere Kandidaten vorgeschlagen, die links von Gauck stehen.

Wir benötigen in diesen verwirrten Zeiten, in denen kaum jemand durchsieht, einen besonders positionierten Bürger, der Problemstellungen öffentlich macht, sie bündelt, sie mit dem Bedürfnis der Gemeinsinnstiftung ins gesellschaftliche Gespräche bringt. Einer, der sich unabhängig von Parteien zu denken und zu reden erlaubt – das nutzt der gesellschaftlichen Klimabildung.
Er sollte auch denen Stimme sein, die in der Gesellschaft keine Stimme besitzen, die keine Lobby, aber große Probleme haben.
Wer Anstöße geben will, muss es riskieren, anstößig zu sein – wenn sein eigenes Wissen und sein Gewissen ihn dazu treiben. Darüber muss geredet werden. Zum Beispiel: Dass der Verfassungsschutz zehn Jahre lang, den Rechtsextremismus verfolgend, in die falsche Richtung gesucht hat und das auch noch vergeblich – das ist ein krisenhaftes Ereignis. Das bleibt ein tief in unser politisches Innere schneidendes Thema.
Frage: Ist es denn ein Fortschritt, dass es ein ostdeutscher Bürgerrechtler an die Spitze des Staates schafft?
Ich glaube, Gauck hat im Westen größere Zustimmung als im Osten. Und Bürgerrechtler ist man entweder immer oder ist es nie gewesen. Soziale und bürgerliche Menschenrechte gehören untrennbar zusammen.

In der „Märkischen Oderzeitung“ wird Schorlemmer noch deutlicher: „Gauck ist von Gauck überzeugt. Dass er ein guter Bundespräsident wird, halte ich für eher unwahrscheinlich.“

REISENDER IN EIGENER MISSION

2009: Zurück zu unserem Tag mit Joachim Gauck in Wustrow und Rostock. Als das Mikrofon für das Interview eingerichtet wird, fällt mir auf, wie dezent und korrekt aufgeräumt alles ist. Joachim Gauck ist in jedem Augenblick hoch konzentriert. Es gibt keinen Augenblick von Nachlässigkeit, keine Spur von Ermüdung. Dabei ist er ständig unterwegs. Ein Reisender in eigener Mission. Ein Erzähler seiner eigenen Geschichte und einer Geschichte der DDR aus seiner Sicht.

Er gehört zu den Gesprächspartnern, die ohne zu zögern immer schnell eine Antwort parat haben. Er ist routiniert – und doch erscheint alles wie neu und frisch. Das ist eine besondere Gabe, die den Rostocker Pastor von jeher ausgezeichnet hat. Gauck weiß um diese Gabe und um diese Wirkung seiner Worte. Er beeindruckt, selbst seine politischen Gegner, vor allem in den Reihen der einstigen SED- und späteren PDS-Genossen, die sich geschickt zu den „Linken“ gemausert haben.

Mit der Einheit kam bei vielen eine Art der Verwandlung und sicher auch der Anpassung, auch auf Grund ihrer neuen Funktionen. Aus Oppositionellen waren über Nacht Politiker und Amtsträger geworden: Rainer Eppelmann wurde als Minister für Abrüstung in einer gepanzerten Limousine chauffiert. Danach avancierte er wie andere zum Bundestagsabgeordneten. Aus Pfarrern wurden hochrangige Amts- und Würdenträger. Und er, Gauck, war in die Position des Leiters der Stasi-Unterlagen-Behörde mit Tausenden von Mitarbeitern und kilometerlangen Akten katapultiert worden.

Mit der Bemerkung des Kameramannes „Läuft!“ setzen wir unser Gespräch fort, ein Gespräch über die verschwundene DDR, die uns alle vier geprägt hat, Joachim Gauck, meine beiden Kollegen und ebenso mich.
Nach der Aufzeichnung packt das Team das Equipment ein. Unser Gastgeber sorgt für Ordnung. Gauck ist gewissenhaft, trägt die Tassen in die Küche, spült und trocknet sie ab. Alles soll für den Besuch von Familienmitgliedern oder Feriengästen perfekt sein. Wir verlassen das Haus durch den Kellereingang,
Bevor wir Wustrow verlassen, fahren wir noch durch eine unauffällige Straße mit kleinen, niedrig geduckten Häusern in diesem herausgeputzten Fremdenverkehrsort. Joachim Gauck zeigt uns das Haus, in dem sein Vater verhaftet worden ist. Hier ergreift ihn die Erinnerung noch einmal, die Erschütterung an die Erlebnisse seiner Kindheit.

> Der Vater ist weg, und niemand weiß, wo er ist. Und so kommt eben ein Winter in diesen Sommer meiner Kindheit. Zweieinhalb Jahre weiß die Familie nichts. Gebetet wurde bei uns zu Hause nicht. Ich gewöhne mir das an, weil ich in Kontakt gekommen bin in der Christenlehre mit dem Glauben. Und ich habe keine Adresse, an die ich mich wenden kann. Und dieser Junge, der kurz vor dem Einschlafen sich zwingt, an den Vater zu denken, appelliert quasi an eine Instanz über den Wolken. Da muss doch eine Instanz sein. Und er holt praktisch den Ewigen in sein kleines dunkles Schlafzimmer und bittet um das Überleben seines Vaters.

Gaucks Weg zum Glauben war nicht verordnet, es war die verzweifelte Suche eines Kindes nach einem Menschen, der verschwunden war. Die Gebete in dieser Zeit waren der Wegweiser zu seinem zukünftigen Beruf und zu seiner Berufung. Das Kind war „vom lieben Gott" erhört worden. Er hatte für den Jungen das Unmögliche möglich gemacht. Er hatte Berge versetzt und den Vater schließlich zurückgebracht.

In diesen wenigen Minuten ist mir Joachim Gauck so nahe wie nie zuvor und wie auch später nicht mehr. Ich erlebe einen Menschen, den dieser Tag, an dem sein Vater fortgeholt wurde und für Jahre verschwunden, unerreichbar war, noch jetzt erschüttert. Die Wunde hat sich nie geschlossen, die Verzweiflung ist geblieben, Schmerz, Wut, Ohnmacht. Ich bewundere, wie ihn das alles nicht verzweifeln ließ, sondern einen Widerstand freisetzte, der Mut erforderte, in der Schule und als Pastor, wie es ihn für sich selbst stark machte und ihn befähigte, anderen Mut zu geben.

Das sei, so sagen die einen, der Beleg für seinen Anspruch in die Reihe der Bürgerrechtler zu gehören. Der Streit um dieses Thema zeigt, dass die Geschichte der DDR, des Widerstands, der friedlichen Revolution und der Einheit längst noch nicht bewältigt ist und der Streit um die Deutungshoheit für die einzelnen Rollen fortbesteht.

Es geht dabei auch um die Person Joachim Gauck, der optisch nie dem Bild eines DDR-Oppositionellen entsprach, nicht leger, sondern korrekt gekleidet – ein Herr.

In Rostock sind wir mit Heiko Lietz verabredet. Ich erwarte mir zwischen den beiden einen lebhaften Dialog. Aber meine Idee erweist sich als falsch. Die beiden sind einander fremd. Sie sind sich fremd geworden. Ihre Wege nach der friedlichen Revolution und der Einheit waren zu unterschiedlich.

Wir besuchen die Marienkirche. Der gewaltige sakrale Backsteinbau war einer der großen Orte im Leben des Pastors. Hier predigte er weniger von Gott, sondern von den Segnungen der Freiheit. Hier hat er auf der Kanzel gestanden und die Menschen begeistert.

Bereits ein Jahr vor dem Ende der DDR war es seiner Hartnäckigkeit zu verdanken gewesen, dass Helmut Schmidt beim Kirchentag 1988 in dieser Kirche vor Tausenden Gläubigen sprechen konnte. Nach dem Ende der DDR kam Willy Brandt und formulierte seinen berühmten Satz: „Es wächst zusammen, was zusammengehört."

Nun, zwanzig Jahre später, geht der ehemalige Pfarrer, Bürgerrechtler, Stasi-Unterlagenbeauftragte und Autor durch seine alte Kirche, in der für ihn der Weg in die Freiheit und seine politische Karriere begonnen haben. Er durchschreitet sie, sicher, zielstrebig, selbstbewusst. Auch hier kennt er bereits die richtigen Kamera-Positionen, stellt sich hinter ein Pult, so, als sei er zu einer Predigt bereit. Forderte ich ihn dazu auf, würde er nicht zögern, ohne Manuskript, einfach aus dem Stegreif heraus zu reden beginnen. Er berichtet mir, welche Kraft ihm diese Kirche und sein Glauben in den Monaten der Ungewissheit gegeben haben.

Heiko Lietz beobachtet seinen einstigen Amtsbruder, der ihm nichts zu sagen hat. Später sagt er mit Blick auf diese Situation: „Die Zeit unserer Aussprache wird noch kommen."

Die Zeit drängt. Die Marienkirche wird um 18 Uhr geschlossen. Der einstige Kirchenmann hat immer und überall das richtige Zeitgefühl, das sichere „Timing", als wäre alles genau geplant, ganz intuitiv.

Das Team packt ein. Die Dreharbeiten sind beendet. Selbst ohne Kamera ist Joachim Gauck diszipliniert. Nur mit seiner Professionalität und Routine war es uns möglich, innerhalb von acht Stunden ein großes Pensum zu absolvieren. Ich bin mit dem Ergebnis des Tages zufrieden.

Unsere gemeinsame Zeit an diesem Januartag 2009 geht im Café direkt neben dem Dom, der „Drehscheibe Marientreff", zu Ende. Es wird von vier Frauen der Gemeinde betrieben. Unter ihnen ist Joachim Gaucks Frau, von der er seit seinem Umzug nach Berlin getrennt lebt, wie es scheint, einvernehmlich, ohne Streit. Er ist willkommen. Das Ehepaar begrüßt sich freundlich. Hansi Gauck hat sich bis heute nicht beirren lassen, äußert sich mit keinem Wort über ihren Mann, keine Kritik, keine Beschwerde. Jedes Ansinnen zu einem Kommentar lehnt sie jetzt und auch später unmissverständlich ab. Sie sind noch verheiratet. Es scheint, als könnte und wollte er dem kirchlichen Eheversprechen nicht entkommen.

Hansi Gauck serviert selbst gebackenen Kuchen und Kaffee. Das erste Essen nach dem Frühstück. Joachim Gauck, von Statur eher mittelgroß, wirkt auch hier in den kleinen Räumen von starker, zwingender Präsenz. Er ist wie überall der Mittelpunkt. Er weiß um die Wirkung, genießt sie, bekennt sich zu seiner, wie er meint, „gelegentlichen Eitelkeit", die in Wahrheit ein Charakterzug ist wie bei allen guten Pastoren. Wer diesen Job im Namen des Herrn absolviert, darf sich nicht verstecken, sondern muss Aufmerksamkeit wecken. Gelingt es ihm, hat er gewonnen und fühlt sich geschmeichelt.

Der Auftritt gehört zu Gaucks Gebaren. Das kleine Café passt schon lange nicht mehr. Gauck spricht inzwischen vor Hunderten von Zuhörern, bald werden es Tausende

sein und – was wir an diesem Tag noch nicht wissen können – in Zukunft werden es bei Neujahrsansprachen Millionen vor den Fernsehern sein.
Im „Marientreff" sprechen wir fünf Männer aus dem Osten über unsere Zeit in der DDR, über Jahre, die jeder von uns anders im Gedächtnis hat. Noch einmal unterschiedliche Meinungen. Während der eine mit Reisen an die Ostsee, Trabi und seinem Dienst an der Grenze zufrieden war und die Einheit als Okkupation des Westens empfindet, ist der andere, unser Kameramann, inzwischen für umfangreiche Reportagen auf allen Kontinenten unterwegs gewesen. Heiko Lietz hat sich bis heute um die Opfer der Einheit gekümmert, während Joachim Gauck auch jetzt von der einzigartigen friedlichen Revolution in der deutschen Geschichte spricht. Ich habe nach dem Fall der Mauer meine Heimat wiedergefunden.
Auch in dieser letzten halben Stunde kommen die beiden Pastoren nicht miteinander ins Gespräch. Gauck brüskiert Lietz, wohl auch deshalb, damit ihre gemeinsame Vergangenheit, die aktive Rolle des Geistlichen aus Güstrow nicht zum Thema wird. Die beiden sind sich nicht nur fremd geworden. Sie sind auch in ihren Charakteren völlig unterschiedlich. Auf der einen Seite der bodenständige, geradlinige Heiko Lietz, der sich eingemischt hat und keinem Konflikt aus dem Weg gegangen ist, auf der anderen Seite Joachim Gauck: klar, abwägend, ein um Konsens bemühter Moderator, der seine Wirkung berechnet.
Unser Tag mit Joachim Gauck geht zu Ende. Für ihn war es ein Termin zu einem Film über seinen Vater, seine Kindheit und seine Jugend. Für uns war es die Gelegenheit zu Fragen und zur Recherche. Der Mann hat uns mit seiner Präsenz beeindruckt – und mit seiner Routine.

Joachim Gauck steht auf. Er muss los. Zur nächsten Lesung mit seinen Botschaften, die von Tausenden gehört werden. Der Prediger aus Rostock.
Wir haben uns verabredet – zum Empfang aus Anlass seines 70. Geburtstages. Er ist ein unabhängiger Mann. Er hat alles hinter sich gelassen: seine Arbeit als Pfarrer, seine Ehe und Familie, den Lebensabschnitt als Leiter der Stasi-Unterlagen-Behörde, seine Zeit als Schriftsteller und DDR-Erklärer. Er ist von großen Lasten und Pflichten befreit. Aber dieser Schein trügt. Die Vergangenheit ist gegenwärtig. Vielleicht ist auch in der Biografie des Joachim Gauck an einigen Stellen eine Aufarbeitung erforderlich.
Zu seinem 70. Geburtstag sind es noch wenige Monate bis zu seiner ersten Nominierung für das Amt des Bundespräsidenten und drei Jahre bis zu seiner Wahl zum Staatsoberhaupt aller Deutschen.

EIN FAZIT

In die Erinnerungen an unsere drei Begegnungen mischen sich mittlerweile die Aussagen und Kommentare von Weggefährten, Beobachtern, Kritikern und Skeptikern. Dazu die Flut an Veröffentlichungen. Den Aufregungen um die tatsächlichen und vermeintlichen Verfehlungen von Christian Wulff in seiner Amtszeit als niedersächsischer Ministerpräsident folgten die Ereignisse um die Nominierung eines Nachfolgers. Das Thema wurde gehandelt, als gäbe es eine Staatskrise. Und um ein Haar wäre daran die Koalition zerbrochen.

Ich habe die Gemeindemitglieder aus Evershagen kennengelernt, die sich ebenso gerne an ihren Pastor erinnern wie sein alter Amtsbruder aus Rostock. Auf der anderen Seite gibt es die Kommentare von Bürgerrechtlern aus der ehemaligen DDR, die ihm vorwerfen, sich nachträglich selbst zum führenden Oppositionellen ernannt und als Blender mit falschen Federn geschmückt zu haben.

Das Ergebnis schwankt zwischen Sympathie, Zustimmung, Zweifel und Skepsis. Der Schlusspunkt, die Kandidatur hat einen bitteren Beigeschmack. Weil es eigentlich keine richtige Wahl gegeben hat.

Was war und ist hier viel zu schnell passiert? In einem galoppierenden Sturzverfahren musste binnen 48 Stunden ein Nachfolger her, so, als wäre davon die Zukunft Griechenlands oder des Euro abhängig gewesen. Die Kanzlerin wollte Entschlossenheit demonstrieren und trieb damit alle anderen vor sich her. Hier gab es keine staatsmännische Besonnenheit, obwohl dafür Zeit gewesen wäre, eine gründliche Suche, die Abwägung vieler Möglichkeiten, bei

der am Ende durchaus der Name Gauck hätte stehen können, aber nicht müssen.
Es hat in dieser Zeitnot an Sorgfalt gefehlt. Dafür umso weniger an starren parteipolitischen Positionen. Wieder einmal Beharrung und Taktik.
Warum nicht der ehemalige Umweltminister Töpfer, der um die Zerstörung der Erde und die Probleme der Dritten Welt weiß? Warum nicht Bischof Wolfgang Huber oder die Theologin Margot Käßmann als Kandidaten, deren Empathie auch den Menschen am Rande der Gesellschaft gilt, mit ihrer kritischen Haltung gegenüber Banken und Konzernen? Warum nicht noch andere respektable Namen?
Während die vier etablierten Parteien glaubten, im Hauruckverfahren Handlungsfähigkeit beweisen zu müssen, wurde die Linke mit Häme überschüttet, weil sie sich bei der Wahl ihrer Gegenkandidatin erst einmal unschlüssig war und dann für Beate Klarsfeld votierte, eine hoch angesehene Nazi-Gegnerin. Sie musste gegen Joachim Gauck unterliegen. Das wird nichts an der Diskussion um den neuen Bundespräsidenten ändern.
So ist Joachim Gauck in Wahrheit ein Mann von Röslers und Brüderles Gnaden, der Mann einer 2-bis-3-Prozent-Partei – ein liberaler Konservativer.
Der Kandidat hat in den vergangenen Wochen seine Vorstellungstour bei den Parteien absolviert, die sich für ihn mehr oder weniger freiwillig entschieden haben. Überall gab es große Zustimmung oder Wohlwollen, weil er überall auch kritische Fragen als glänzender Rhetoriker zu beantworten wusste. Nach dem Empfang durch Angela Merkel in großer Harmonie bekannte er froh und erleichtert, nun scheine für ihn die Sonne. Er war willkommen und erweckte den Eindruck von Selbstzufriedenheit.

Seine Vergangenheit hat nach der Einheit gezeigt: Joachim Gauck hat sich in Grenzen eine Gabe zum politischen Chamäleon angeeignet. Hier ähnelt er der Bundeskanzlerin. Er soll nun alles sein: christlich, sozial, demokratisch und grün – nur eines nicht: links. Er könnte, von den Vertretern aller dieser Parteien auch im Präsidialamt gut beraten, allen zu Gefallen sein – und damit ein angesehener, respektierter Präsident mit gelegentlichen Ecken und Kanten. Wozu aber eigentlich das große Tamtam um einen Bundespräsidenten, der vorwiegend repräsentative Aufgaben hat, Gesetze überprüfen lässt und abzeichnet, Diplomaten empfängt, Kränze niederlegt, ein paar Ansprachen hält und in der Weltgeschichte herumreist?
Was ist von den Amtsvorgängern geblieben? Mein erster Präsident hieß Wilhelm Pieck. Als Junger Pionier hatte mich mein Klassenlehrer unter anderen ausgewählt, ihm aus Anlass einer Großdemonstration in Halle das „Immer bereit" zu entbieten. Er dankte mir, strich mir über das Haar und meinte, ich könne stolz auf die DDR sein. Ich habe es ihm nicht gedankt und das „sozialistische Vaterland" verlassen. Der Gegenpart zu Opa Pieck war im Westen Opa Heuss. Auch er wurde gemocht. Nach ihm kamen der kranke und verspottete Heinrich Lübke, gefolgt vom redlichen Gustav Heinemann („Ich liebe nicht Deutschland. Ich liebe meine Frau"), von Walter Scheel („Hoch auf dem gelben Wagen"), Karl Carstens (an den nur noch ein Wanderweg durch das Wattenmeer zwischen Föhr und Amrum erinnert), dem wirklichen Repräsentanten Richard von Weizsäcker, Roman Herzog („Durch unser Land muss ein Ruck gehen"). Danach dann liebenswert Johannes Rau, gefolgt von Horst Köhler mit seinem Engagement für Afrika, das von vielen nicht verstanden worden ist. Er trat wegen einer bösarti-

gen Kampagne, auch aus den Reihen der CDU, gegen ihn zurück. Schließlich der Kurzzeit-Amtsinhaber Wulff, der immerhin die Muslime in Deutschland begrüßte. Im Rückblick betrachtet war da nie viel – weil das Amt in seinen Möglichkeiten klar begrenzt ist.

Weit mehr sind uns die aktiven Politiker in Erinnerung: die Bundeskanzler Adenauer, Erhard, Brandt, Schmidt, Kohl, Schröder und Merkel. Und durch die Präsidentschaftskandidatin der Linken auch wieder Kiesinger, dem sie einst eine Ohrfeige verpasste. Dazu der FDP-Mann Thomas Dehler, der Bayer Franz-Josef Strauß und der Sachse Herbert Wehner, die Außenminister Genscher und Fischer. Sie waren dominant. Ihre Politik hat das Land beeinflusst.

Der neue Bundespräsident Joachim Gauck soll uns nun als Leitfigur den Weg weisen? Der „stern" versieht ihm mit dem Etikett „Einer von uns" und viele erwecken den Eindruck, er sei „Einer für alle". Das ist er gewiss nicht. Diesem Anspruch kann der Liberal-Konservative auch nicht genügen. Und es wird auch nicht erforderlich sein.

Joachim Gauck wird die Politik der Bundesrepublik Deutschland ebenso wenig bestimmen wie seine Vorgänger. Er kann nur in sehr engen Grenzen agieren, die er zu überschreiten versuchen wird. Möglich, er wird sich mehr zu Wort melden, sich einmischen, Zeichen setzen, mal einem Gesetz seine Zustimmung verweigern, dem Schloss Bellevue wieder seriös-repräsentativen Glanz verleihen und im Ausland eine gute Figur machen. Aber seine Fähigkeit der Wandlung wird gefragt sein, sollte die Bundestagswahl im kommenden Jahr eine neue politische Konstellation bringen.

Hinzu kommt, es gibt gerade in der Protestbewegung unserer Zeit und bei der neuen selbstbewussten jungen Generation längst andere Vorbilder, mit denen sich die Gesellschaft verändern wird. Sie finden sich bei Occupy, den Piraten, bei den Aktivisten von Greenpeace und Attac und bei Bürgerinitiativen, die auf die Straßen gehen und sich vernetzen. Selbst gegen den Grünen-Ministerpräsidenten von Baden-Württemberg, Winfried Kretschmann, sieht Joachim Gauck alt aus. Dennoch wird er sich einmischen und viel von sich reden machen.

ABBILDUNGSNACHWEIS

Bernd Kaufholz: 107 u.
In Media Europe: 108, 109, 110, 111
Privat: 97, 98, 99, 100, 102, 103, 104, 105, 106, 112
Siegfried Wittenburg: 107 o.
TV-Dokumentation: 101

PERSONENREGISTER

INHALT

Umschlagfoto
Der designierte Bundespräsident Joachim Gauck bedankt sich nach seiner Lesung am 24. Februar 2012 in der Comödie Fürth bei seinen Zuhörern. Zum letzten Mal vor der Bundespräsidentenwahl am 18. März trat Gauck bei einer öffentlichen Lesung seines Buches „Winter im Sommer – Frühling im Herbst" auf (picture alliance/dpa/David Ebener)

Editorische Notiz
Die Zitate wurden auf die neue Rechtschreibung vereinheitlicht. Rechtschreibfehler in den Originaltexten wurden stillschweigend berichtigt. Die zitierten Texte stammen, wenn nicht anders ausgewiesen, aus Gesprächen und Korrespondenzen des Autors.

Bibliografische Information der Deutschen Nationalbibliothek
Die Deutsche Nationalbibliothek registriert diese Publikation in der Deutschen Nationalbibliografie; detaillierte bibliografische Daten im Internet unter http://d-nb.de.

www.mitteldeutscherverlag.de

Gesamtherstellung: Mitteldeutscher Verlag, Halle (Saale)

ISBN 978-3-89812-923-7

Printed in the EU